U0336295

叶茂中

冲突理论创始人

北京大学研究生导师

冲突

第2版

叶茂中 著

机械工业出版社
CHINA MACHINE PRESS

营销的理论越来越多，营销却越来越难，这是因为大多数理论偏离了营销的本质。营销的本质是洞察需求，而需求从哪里来？答案是从冲突中来。

需要和想要是有冲突的，爱情和金钱是有冲突的，美食和身材是有冲突的，事业和家庭是有冲突的，男人和女人是有冲突的……这些都是冲突。因为冲突，所以才有需求，这就是营销的根本所在。

冲突是无处不在的，把冲突研究清楚，实际上就是把市场营销的需求搞清楚了。互联网重新定义了营销，仅仅依靠定位细分市场已经难以获得消费者的认可了，所以利用消费者的冲突进行营销将成为当下营销的重要方法论。

图书在版编目（CIP）数据

冲突 / 叶茂中著 . —2 版 . —北京：机械工业出版社，2019.7（2024.7重印）

ISBN 978-7-111-62903-0

Ⅰ . ①冲… Ⅱ . ①叶… Ⅲ . ①营销—研究 Ⅳ . ① F713.5

中国版本图书馆 CIP 数据核字（2019）第 020687 号

机械工业出版社（北京市百万庄大街 22 号 邮政编码 100037）
策划编辑：胡嘉兴 责任编辑：胡嘉兴
责任校对：李 伟 责任印制：孙 炜
北京联兴盛业印刷股份有限公司印刷
2024 年 7 月第 2 版第 13 次印刷
170mm×230mm · 17.75 印张 · 6 插页 · 229 千字
标准书号：ISBN 978-7-111-62903-0
定价：88.00 元

电话服务   网络服务
客服电话：010-88361066 机 工 官 网：www.cmpbook.com
     010-88379833 机 工 官 博：weibo.com/cmp1952
     010-68326294 金 书 网：www.golden-book.com
封底无防伪标均为盗版 机工教育服务网：www.cmpedu.com

前言

让中国企业不走营销的弯路，

就是冲突理论的使命。

作为营销学领域关于冲突理论的第一部著作，《冲突》第 1 版于 2017 年 8 月出版，在一年的时间里，加印了 10 次，成为年度畅销的营销书。

感谢企业的厚爱！出版社反映，有相当多的企业一次性购买几千册，甚至有企业一次性购买了 1 万册送给员工。

为了让更多企业家、营销人能更直观地了解冲突理论，2018 年叶茂中这厮启动了全国巡回演讲——以上海、北京、广州、南京、长春、深圳、杭州作为首发城市，希望更快地帮助企业家和营销人理解冲突理论，并运用到战略营销中去。

洞察《冲突》热销的真正原因——还是众多企业家和营销人都急于为企业、为产品、为品牌找到能够"一招致命"的解决方案。而《冲突》在战略的高度，给各位看官提供了新的营销方法和视角。尤其是在传统营销越来越失效、传统营销理论越来越偏离中国市场的实际需求和时代需求时，《冲突》可以为各位看官带来洞察消费者冲突、解决消费者冲突的新思路、新方法。

《冲突》，是叶茂中冲突战略基于 30 年来 200 多个成功的战略咨询项目，以及大量国际国内案例的研究分析，总结出的一种战略方法，也是让品牌快速崛起的方法。

品牌崛起的秘诀在于四个关键要素：

- 1.伟大的产品创意；
- 2.意义深远的核心价值；
- 3.持续强势的营销活动；
- 4.数量可观的传播广告。

冲突理论，是从理论层面研究和指导企业如何发现冲突、解决冲突、制造冲突，最终制定战略，迅速提升企业品牌与销量，打造强势品牌，实现指数级增长的方法论。

叶茂中这厮酝酿冲突理论花了近十年的时间，其原因有二：

一是因为这个时代。这十年，是市场变化最大的十年，是消费者变化最大的十年，更是营销与传播变化最大的十年，所以整本书的写作过程，也是不断收集、梳理、分析、推翻、更新的循环过程。《冲突》第2版更是在广泛征求了社会各界对第1版的意见之后，历时半年修改的升级版。

二是因为本土营销理论的匮乏。很遗憾，这么多年来，指导中国企业营销的一些主流理论，几乎都是舶来品，且其中不乏半个世纪前的理论，依旧在中国市场大行其道。互联网重新定义了营销，有些理论已经明显与这个时代脱节，反而让企业走上了营销的弯路，所以这十年来，我脑海中总有个声音萦绕不去：中国人是否可以探索、总结出属于自己的在这个时代的营销理论？

希望这本书能够抛砖引玉。

目　录

前言

第一章
冲突产生需求   ···001

营销的本质是什么？是洞察需求！
需求是从哪里被发现的？从冲突中被发现的！
没有冲突，就没有营销。

第二章
冲突是战略的第一步

冲突越大，机会越大；
冲突越大，需求越大；
冲突越大，卖点越强。

第三章
发现冲突

发现冲突，就是发现需求，
营销就能一招致命，实现指数级增长！

第四章
制造冲突 ···035

当主要冲突已经被对手解决了，我们该怎么办？
别担心！
与其在一条赛道上和对手争得你死我活，不如制造冲突，创造需求，改变赛道，重构市场。

第五章
优秀的企业满足需求；伟大的企业满足欲望 ···045

需求让人认同。
欲望让人向往。

第六章

解决冲突的路径一：进攻左脑

进攻左脑——靠产品真相（性能、包装、价格等），
　　　　　　是物质及技术的竞争。

第七章

解决冲突的路径二：进攻右脑

进攻右脑——靠品牌真相（心理感受、价值共鸣、
　　　　　　品牌的附加值等），是精神及心理的竞争。
产品速朽，感动常在。

第八章

解决冲突的路径三：同时进攻左脑和右脑 ···085

进攻左脑解决冲突，靠产品真相；
进攻右脑解决冲突，靠品牌真相；
有些时候，可同时进攻左脑和右脑。

第九章

制造冲突的路径一：以消费者为中心切入 ···099

制造消费者冲突。
必须打破消费者预期值，在他们的意料之外；
必须符合消费者接受度，在他们的情理之中。

第十章

制造冲突的路径二：以竞争对手为中心切入　…121

> 凡是敌人支持的，我们都反对；
> 凡是敌人反对的，我们都支持。

第十一章

制造冲突的路径三：以自我为中心切入　…135

> 对自己残酷一点，世界就会对你好一点；
> 对自己好一点，世界就会对你残酷一点。

第十二章
解决传播冲突一：广告语 ···151

广告语的三大原则：

上接战略：一句话解决冲突；

下接地气：一句话传播冲突，要讲人话；

自带公关：一句话制造冲突，放大传播效应。

第十三章
解决传播冲突二：品牌名 ···171

决定品牌名能否解决传播冲突的关键：

第一是好记，

第二是好记，

第三还是好记。

第十四章

解决传播冲突三：产品名　　　　　　　···183

产品名需要满足以下四点：
吸引注意、便于记忆、易于传播、利于区分。

第十五章

解决传播冲突四：品牌符号　　　　　　　···195

容貌比名字更容易记忆。

第十六章
解决传播冲突五：媒体策略 ···217

媒体策略好：1 个亿的广告费打出 10 个亿的效果；
媒体策略不好：10 个亿的广告费打出 1 个亿的效果。

第十七章
寻找冲突的开关 ···235

"这个妹妹我以前见过。"

第十八章
错觉、幻觉和心理暗示 ···251

不要企图强迫消费者接受你的"事实"。
要充分利用消费者的错觉、幻觉和心理暗示，解决冲突。

冲突产生需求

营销的本质是什么？是洞察需求！
需求是从哪里被发现的？从冲突中被发现的！
没有冲突，就没有营销。

第一章　冲突产生需求

营销的本质是什么？是洞察需求！
需求是从哪里被发现的？从冲突中被发现的！
没有冲突，就没有营销。

01 / 需求是从冲突中被发现的

　　我们都知道营销的本质就是洞察需求，那么需求又是从哪里被发现的呢？

　　答案就是这本书的书名——《冲突》。

　　需求就是从冲突中被发现的。

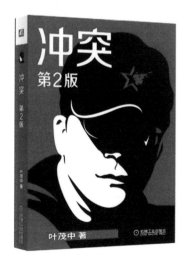

　　时代在变，人性不变，只要营销的对象还是活生生的人，只要人性的本质不变，那么营销的本质就不会变。

　　营销的本质首先是研究需求，其实就是在研究人；而人性的本质，是七情六欲，是真善美，也是贪嗔痴；是本能的映射，也是欲望的抑制，归根结底就是两个字：冲突。

02／冲突的定义

冲突就是指对立的、互不相容的力量或性质（如观念、利益、意志）的互相干扰。

生理和心理的冲突

之所以会产生冲突，根源在于人性的复杂化和多样性，比如人性的贪婪。人的生理需求是有限的，但心理需求却是无限的，生理需求和心理需求就会产生冲突。

就像一个女孩子买包，如果只是用来装东西，买几百元的包就可以了，那为什么要买几万元甚至几十万元的包呢？这实际上就是她的心理需求。就像圣严法师所说："人这一辈子，需要的不多，想要的太多。"

需要和想要之间就有冲突，有冲突就会产生需求。

左脑和右脑的冲突

我们无法握住开启消费者大脑的钥匙，但是心理学家的探索，能帮助我们更清晰地梳理走进消费者大脑的路径：人有左脑和右脑，心有理性和感性。

美国心理生物学家罗杰·斯佩里博士（Roger Sperry，1913 年 8 月 20 日—1994 年 4 月 17 日）通过著名的割裂脑实验，证实了关于大脑不对称性的"左右脑分工理论"，因此荣获 1981 年诺贝尔生理学和医学奖。

- 左脑，被称为"理性脑"，主要处理文字和数据等抽象信息，具有理解、分析、判断等抽象思维功能，有理性和逻辑性的特点。
- 右脑，被称为"感性脑"，处理声音和图像等具体信息，具有想象、创意、灵感和超高速反应（超高速记忆和计算）等功能，有感性和直观的特点。

斯佩里博士的研究表明：左脑是普通脑，右脑是天才脑，右脑包含了更多的想象力和创造力的潜能。

左脑 VS 右脑：理性 VS 感性

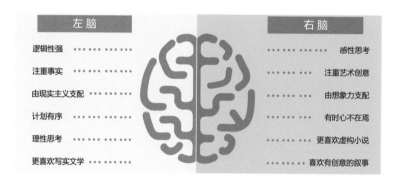

不论你是左脑使用者，还是右脑思维者，我们都不能否认的是，这两种脑所代表的理性和感性，经验力和想象力，同时并存在我们的思想和行为过程中，这也导致了我们在分析、判断事物时，往往会出现理性和感性不一致的情况，这就是冲突的来源之一。

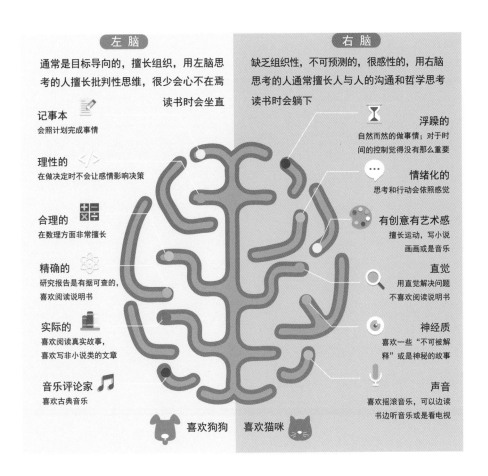

左脑和右脑想要的不一样

通过心理学家的研究，我们不难发现：

- 左脑追求价格，右脑追求价值；

- 左脑追求健康，右脑追求爽；

- 左脑追求实用，右脑追求艺术；

- 左脑追求性价比，右脑追求浪漫；

- 左脑的理性思维，往往会带来更多的限制和分析；

- 右脑的感性思维，往往会带来更多的欲望和冲动。

左　脑	右　脑
追求价格 ·······	······· 追求价值
追求健康 ·······	······· 追求爽
追求实用 ·······	······· 追求艺术
追求性价比 ·······	······· 追求浪漫

克制的理性需求和冲动的感性需求之间，有限的需求和无限的欲望之间，往往就是冲突的原点。营销的本质就是解决消费者的冲突——要形成有效的营销，首先要洞察消费者的冲突。

冲突是不可避免的。一旦发生冲突，就产生了需求，也就为营销提供了可能性。

03 / 天啊！ 冲突无处不在

不仅个人的生理与心理、左脑和右脑会产生冲突，事实上在人类的世界中，冲突无处不在。冲突的来源可以归为以下五类。

- 信息冲突：这是对事实或者数据产生的意见不统一。
- 兴趣冲突：这种冲突是以潜在的关注点、期望和需求为中心。为了解决这类冲突，你需要问"你关注的是什么"，而不是去争执到底谁对谁错。

- 结构性冲突：这种冲突总是与有限的资源相伴，而冲突的最终解决办法往往依赖于有决策权的个人。
- 关系冲突：　此冲突与历史、沟通方式、信任有关。
- 价值冲突：　这是最难解决的一类冲突，因为它与价值观紧密联系，没有商量的余地。

在现实社会中，由于人无法孤立地存在，这就注定了人的世界里充满了冲突，人和人之间，人和事之间，文化和文化之间，时间和空间之间……到处都有发生冲突的可能性。无论是基于哪种原因产生的冲突，我们都可以认识到：冲突是获得巨大成功的机会。认识到冲突发生的原因，就会诞生相应的解决之道，解决之道就意味着满足需求。

国家和国家之间是有冲突的；

观念和观念之间是有冲突的；

家庭和事业之间是有冲突的；

男人和女人之间是有冲突的；

爱情和金钱之间是有冲突的；

美食和身材之间是有冲突的；

……

说一个微型冲突的例子：两个朋友吃火锅，一个人能吃辣，一个人不能吃辣，这是不是冲突？

鸳鸯火锅就完美地解决了这个冲突。

接下来，再说一个大冲突的例子。

奥巴马解决了什么冲突

奥巴马能够成为美国历史上第一位黑人总统，正是基于他的竞选诉求，不仅仅是描述了一个伟大的美国梦，而是针对现状，洞察并解决了当时美国民众强大的美国梦与陷入困境的美国现实之间的最大冲突（奥巴马正是解决了小布什执政八年之后，美国经济跌入低谷，失业率到达高峰后，所有美国民众内心最大的冲突——渴望更好的生活，渴望真正的改变）。

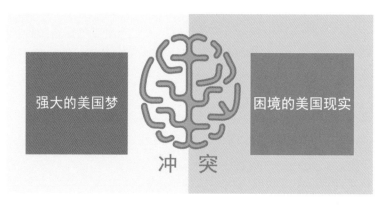

无论是左脑的理性，还是右脑的感性，所有的美国人都急切地需要一场改革，帮助自己，也帮助美国走出低谷。当左脑和右脑达成统一时，就是最好的解决方案。奥巴马的竞选广告始终围绕"改变"这个诉求，这也帮助奥巴马成为美国首位黑人总统。

　　而四年后，奥巴马尝到了"冲突营销"的甜头，继续洞察当时民众最大的冲突，以"改变"为基础，提出了"前进"的竞选口号，其竞选广告的旁白是："尽管仍有更多要做的事，但也有了实际的进展。"

　　无论是"改变"还是"前进"都是帮助奥巴马竞选成功的利器，无论是"改变"还是"前进"都解决了当时美国选民们内心的冲突和不满。对比奥巴马"安得广厦千万间，大庇天下寒士俱欢颜"的思考，2008年希拉里的竞选广告则是："我在这里，是要赢的"。这种以自我为中心的诉求，完全打动不了处在水深火热之中的美国民众，也解决不了美国民众内心的冲突。

04 / 要形成有效的营销，首先要洞察消费者冲突

　　如果营销不能找到冲突，不能解决冲突，就会变得越来越难，就像在石头上挤奶。

　　冲突理论是第一个把"需求是从哪里发现的？"这一问题讲清楚、讲透彻的理论。各位读者，在营销之前，务必要问自己：

- 以消费者为中心 —消费者的冲突有哪些？

- 以竞争对手为中心—尚未被竞争对手解决的冲突有哪些？

- 以自我为中心 — 我的产品到底解决了哪个冲突？

- 发现冲突，就是发现需求，营销就能一招致命，实现指数级增长！

第二章

冲突是战略的第一步

冲突越大，机会越大；
冲突越大，需求越大；
冲突越大，卖点越强。

第二章　冲突是战略的第一步

冲突越大，机会越大；
冲突越大，需求越大；
冲突越大，卖点越强。

---

01 / 制定战略的目的是解决消费者的冲突，而不是解决企业的问题

制定企业战略的第一步，必须以消费者冲突为主要考量：理查德·鲁梅尔特（Richard Rumelt）认为"自上而下的战略是坏战略，自下而上的战略是好战略"，原因就在于好的战略是从消费者的冲突中，一步一步走出来，直到找到解决方案。战略都是倒逼出来的，刺刀捅进去就出血。

从最初单纯的信息平台中国黄页，到为中小企业提供更多服务和机会的交易平台阿里巴巴，当越来越多的中小企业聚拢在阿里巴巴的平台上，规模和价值之间发生了冲突，阿里巴巴借鉴了 eBay 模式，同时又去除了 eBay 模式中的收费模式，成了所有人都可以免费进入的"淘宝"。

在为商家服务的过程中，阿里巴巴发现一个非常大的冲突是支付诚信，所以创造了"支付宝"。

消费升级，消费者希望购买品牌化产品，这和淘宝良莠不齐的购买体验发生了新的冲突，于是阿里巴巴又创造了"天猫"。

消费者希望能更快地收到网购的产品，这和送货速度慢发生了冲突，所以阿里巴巴又创造了"菜鸟"。

年轻人"买买买"的无尽欲望和现实的囊中羞涩发生了冲突，所以阿里巴巴又创造了"花呗"。

"先钉桩子后系驴，先撒窝子后钓鱼。"从阿里巴巴一路的发展轨迹中，我们不难发现，好战略的第一步，都是立于一个明确的冲突需求之上。

02／每一个冲突的洞察都意味着一个战略机会

企业经营的三大成本：

> 机会是第一成本，
>
> 时间是第二成本，
>
> 金钱是第三成本。

不成功的企业往往是搞反了顺序。

战略营销的目的，就是洞察消费者的冲突所在，并且持久地解决冲突，满足消费者的需求。而洞察到消费者最大的冲突，往往也是企业成功越级，占据竞争赛道头部位置的机会所在。

海澜之家洞察了什么冲突？

在十几年前，当男装品牌都在发力定位于专业细分市场时：

叶茂中冲突战略发现同样在购物中心买一条裤子，女人要花三个小时，而男人只肯花 10 分钟的时间；由此洞察到男装的一个最大冲突：男人是不喜欢逛街的，但是需要足够的日常着装。

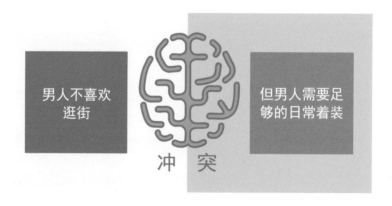

正是因为洞察到了男性购物时的"冲突"，叶茂中冲突战略提出了"一年逛两次海澜之家"的战略。海澜之家在别的男装品牌拼定位、拼细分、拼专业的时候，走了一条完全不同的道路——提出了"男人的衣柜"，真正将海澜之家打造成一站式的男性服装购物终端。

解决了男装最大的冲突，海澜之家在 2017 年实现营业收入 182 亿元，归属于上市公司股东的净利润 42 亿元，是中国服装业最赚钱的一家企业。现在它在全世界的服装公司里市值排名第 14 位。

03 / 市场的规模由冲突大小决定

市场的规模是由冲突大小来决定的，有些企业过于执着寻找细分市场，反而可能会白白牺牲市场规模化的可能性，患上了"营销短视症"。菲利普·科特勒（Philip Kotler）说："营销就是在满足顾客需要的同时创造利润。"消费者冲突越大，市场机会就越大；独角兽们不正是因为解决了巨大的冲突，而杀出了一条血路吗？

滴滴出行：早期的滴滴解决了出行的冲突。

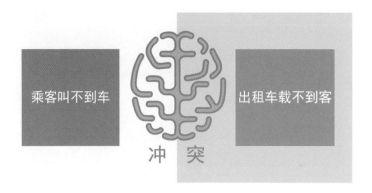

今日头条：解决了精准信息流的冲突。

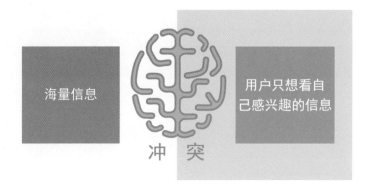

美团点评：解决了消费如何选择的冲突（借助别人的经验，避免吃亏上当）。

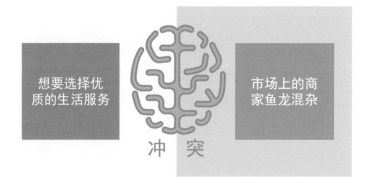

洞察到市场上巨大的、尚未被解决的冲突，成就了独角兽的巨大市场。

冲突，是战略的第一步。

如今，数据智能、云计算、人工智能、机器学习的高速发展，将更充分、更便捷地解决传统冲突，越来越多的独角兽会因为洞察到巨大的冲突，辅以技术的手段，快速智能地解决过去难以解决的冲突。

蚂蚁小贷解决了什么冲突

小微企业的贷款一直是一个世界级的冲突：相较于每笔贷款的金额，收集这些小微企业的信息，分析其信用度、偿还能力以及审核等都需要付出巨大的人力、时间和金钱成本，传统银行因为无法以低成本解决这个冲突，往往会望而却步。

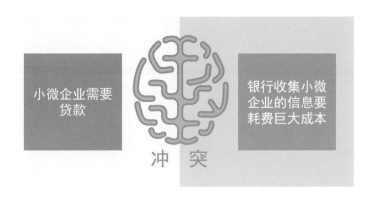

蚂蚁小贷利用数据化和算法解决了这个冲突，实现了无人信贷，且坏账率明显低于传统银行的平均水平。

第一，业务数据化——利用互联网上潜在客户的诸多数据，比如淘宝卖家正在卖哪些商品，生意怎么样，店铺多久上新，是否有过不良投诉等信息，综合判断卖家的信用度。

第二，用算法完成风险评估——在卖家提出了贷款申请后，蚂蚁小贷的后台可以根据他在淘宝上的行为数据，进行风险评估，并预先授信，实时审核，自动放款。

第三，算法以"周"为更新频率——客户数据越来越丰富，维度越来越多，参数越来越清晰，算法模型越来越有效，风险控制成本越来越低，形成"输出信贷需求－机器做出决策－资金自动汇入"的信任闭环，高效解决了冲突。

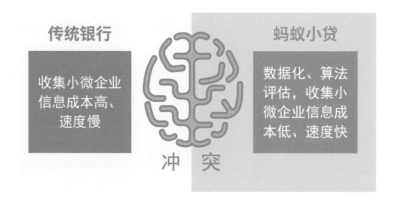

蚂蚁小贷利用现代技术解决了小微企业用户的冲突后，制造了和传统银行之间巨大的冲突——"银行不改变，我们就改变银行"。蚂蚁小贷成立短短几年，服务了上百万家阿里巴巴的用户。

"神女应无恙，当惊世界殊。"从独角兽们的成功，我们可以预见：数据智能、云计算、人工智能、机器学习将更高效地解决过去传统企业无法解决，或者未能充分解决的那些冲突。

数据智能时代，算法必须紧扣消费者的冲突。人工智能的解决方案更需要对冲突有更深层的理解，才有机会重新定义冲突，将冲突扩大、升级，进一步实现降维攻击，把原先低水平解决冲突的企业和品牌推到竞赛的边缘。谁提前掌握了科技手段来解决冲突，谁就能位于竞争的头部。

　　叶茂中这厮必须提醒各位的是：务必先洞察到冲突，尤其在未来大家都有机会掌握大数据、人工智能的时候，发现冲突的能力才是稀缺且有价值的。谁发现了冲突，谁就能最大化利用科技解决冲突。

- 冲突是战略的第一步。
- 冲突越大，机会越大；
- 冲突越大，需求越大；
- 冲突越大，卖点越强。

第三章

发现冲突

发现冲突，就是发现需求，
营销就能一招致命，实现指数级增长！

第三章　发现冲突

发现冲突，就是发现需求，
营销就能一招致命，实现指数级增长！

01/ 乐高发现了
什么冲突

　　被评为 20 世纪最佳玩具的乐高，在 2003 年却曾面临破产的窘境。乐高通过和消费者面对面沟通总结，并搜集消费者无数的视频、照片和日志，极度深入研究消费者后，发现自己的产品和儿童的需求之间发生了严重的冲突。

　　当时的孩子们更喜欢即刻能体验到乐趣的玩具，而像乐高这样需要耐心搭建的"慢"玩具，无法迎合没有耐心的小消费者们。

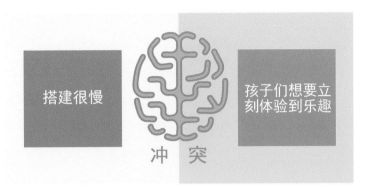

为了解决小消费者们的冲突，乐高嫁接了更多的娱乐文化、电影文化，为乐高带来更多能刺激"立即喜欢"的驱动因素。乐高找来了小朋友们最喜欢的电影IP，推出了《星球大战》《复仇者联盟》等系列；在售卖产品之前，还推出了乐高系列电影，让小朋友们在搭建之前，就爱上了乐高英雄人物。对英雄的喜爱，对电影场景的熟悉，增加了小朋友们对搭建的向往，减少了其在搭建过程中的冲突。

更重要的一点是，乐高借助这些IP摆脱了乐高只是"玩具"的局限，成为父子、母女之间互动的道具，而父母在搭建过程中的参与，大大提高了小朋友们的速度，极大地解决了小朋友们的冲突。

功能成为标配，情感成为强需。只有深入洞察了孩子们的冲突，乐高才会衍生出如此繁多的产品系列，无论是大电影系列，还是女生专属系列，都是源于对冲突的洞察。

冲突是不断升级的，无止境的欲望意味着，当一个冲突被解决之后，另一个冲突会迅速出现并成为当下的关键冲突。乐高面对今天的竞争格局，它的对手不再是静态的玩具，而是手机游戏、电脑游戏时，它需要再一次洞察冲突。

手机游戏和电脑游戏，无疑已经成为当代孩子缺不了的游戏方式。它们快速地满足了孩子的玩乐心理，但对父母而言却是一件苦不堪言的事情，孩子的视力、学习时间，都受到了严重干扰，乐高有没有可能利用自己的产品解决这个冲突呢？

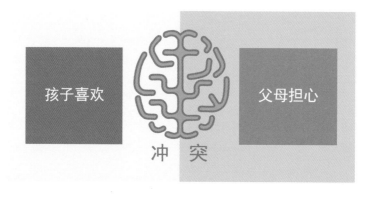

为了解决孩子和父母之间的冲突，乐高把自己变为寓教于乐的"学习工具"。乐高机器人玩具 LEGO BOOST 系列，让 7 岁儿童学习编程，把玩具当作促进孩子学习编程技术的工具，既让孩子享受了游戏的乐趣，也让家长觉得没有浪费时间。美国教育部称，未来产业需要大量的科技人才，他们目前的一项基本政策就是推进教育系统中的 STEM 领域（科学、技术、工程、数学），加大其在教育中的比重，并让儿童更早接触 STEM，意识到这点的父母们如今也愿意花更多钱让孩子们利用乐高学习编程技术了。

冲突是无处不在的，研究冲突，就是找到打开消费者需求大门的钥匙，而这只是一个开始。冲突并不是一次性的产物，对于营销而言，发现冲突只是眼睛的胜利，扩大并制造冲突的价值，才是营销的胜利。

互联网重新定义了营销，仅仅依靠定位细分市场已经难以获得指数级增长，如果你想突破发展瓶颈，像乐高那样开辟一条新的和消费者的沟通之路，实现指数级的增长，就必须利用冲突进行营销。

冲突不仅是发现需求的奥秘，更是检验战略是否正确的标准，尤其在今天"在线化、智能化、网络化"的生活方式很普及，到处都是数据陷阱、消费者陷阱，如果不能清晰地洞察到消费者的核心冲突，就只会在错误的道路上越跑越远，越跑越错；只有掌握了冲突，才能在数据黑洞中，杀出一条血路来。

02 / 小心，
消费者陷阱

以消费者为中心，看似冲突很多，但很多是伪冲突；消费者有时未必知道自己需要什么，想要什么。

乔布斯曾经说过：如果亨利·福特（Henry Ford）在制造汽车之前去做市场调研，他得到的答案一定是消费者希望得到一辆更快的马车。

更快的马车，就是消费者陷阱。

如果只是顺应消费者表面的需求，不断提供更好的马，更舒适的马车给消费者，只会在他们布置的陷阱中越陷越深。只有跳出"马"的陷阱，重新洞察消费者需求中的冲突点，才会洞察到消费者的真实需求——渴望更快到达。

更快才是消费者的本质需求，而马只是实现速度的一种载体。更快的马车，只是消费者的陷阱。

乔布斯说过，消费者没有义务去了解自己的需求。他们只想要：更舒适、更安全、更健康、更美、更快乐、更成功、更富有、更有品位、更有魅力……而企业则必须洞察其背后的真实需求，而真实需求则隐藏在消费者真实的冲突中。

我们身处大数据时代，所有的消费者信息信手拈来，但在数据之中，必须甄别出真实的消费者需求，否则你手中的只是冰冷的数字，而绝非洞彻人心的"冲突"。

也就是说掌握大数据并不会决定市场的成败，从统计学角度出发，决定胜负的并非数据的运算能力，而是运算观点。观点就是对冲突需求的假设，然后产生判断，进行下一步的预测。否则只是蒙着眼睛拉磨——瞎使劲儿。可见：让大数据有观点的、洞察到能够解决冲突的数据的，归根到底还是人。

曾经两次预测奥巴马赢得大选的美国当代知名统计"鬼才"纳特·西尔弗（Nate Silver），认为"信息总量快速增加，速度之快，让我们对如何处理信息的理解，以及我们分辨有用信息和虚假信息的能力往往都跟不上。我们拥有太多信息的时候，本能采取的简便做法就是选择性处理。数字没法自己讲话，是我们在替它说话，我们赋予它意义。我们可能会用对自己有利的方式解释数据，让数据脱离客观的事实。"

因此有研究指出，关于人的数据，有高达 80% 的不准确性。因为研究对象是人，人有丰富的右脑触感，就会存在无数种可能性和变化性，甚至在不同的时间、地点对同一事物都会有不同的认知。

所以，当我们在判断数据是否有效时，千万不要忽视左脑和右脑之间的冲突，既要有精准的判断，也要有人性的洞察，否则数据只是数字而已。

好孩子发现了什么真冲突

各位读者，从表中数据来看，哪个是真冲突，哪个是消费者陷阱呢？

购买婴儿车关注的因素

类别	因素	数值
基础需求	安全性	72.6
	车子耐用	46.7
	性价比高	46.3
	质量有保障	35
	车子坚固结实	27.2
功能需求	折叠便捷	29.2
	座椅舒适度	26.2
	车子小巧轻便	24.7
	推动时震动小	17
	车子可以躺	10.6
	清洗便利性	9.1
	座椅的材质	9
外观需求	车子颜色	18
	车子外观时尚	9.5
	车子宽大实用	9.5
身份需求	知名品牌	31.1
	使用的人多	25.3
	厂家规模/信誉	11.6
	档次比较高	8.8

安全性：72.6%

折叠便捷：29.2%

座椅舒适度：26.2%

72.6% 的安全性，是不是童车的主要冲突呢？

叶茂中冲突战略在策划时，放弃了 72% 的安全诉求，是因为洞察到童车真正的冲突是：对于宝宝来说，舒不舒适才是真冲突。

　　童车是否安全，取决于推车人是否小心稳妥，小宝贝其实是无从知晓的；童车的功能性，宝贝更是不能理解；外观好看与否，宝贝也无从欣赏；性价比之类更是天方夜谭……宝贝能感受到的，就是童车是否舒适。

而对于父母来说，是否便捷才是真冲突。所以好孩子童车，推出了解决便捷冲突的口袋车：让父母"遛娃"时，更轻松、更方便。

数据越用越多，流量越用越少。

数据越来越没价值，观点越来越有价值。

大数据要变成有效的"活数据"，前提是必须有解决冲突的观点。

未来的商业模式将从 B2C 转变为 C2B，在一切以客户需求为中心的时代，消费者的个性需求和企业的共性供给也将发生巨大的冲突。伴随着数据的常态化，收集消费者多样化的数据不再是一件难事。在淘宝上，每个用户的数据都会被详细地记录下来：他们看了什么商品，下拉了哪些详情页面，有没有搜索最低价格，有没有放进购物车并最终完成购买？

面对海量的数据，我们需要从消费者冲突出发，重新解读数据：哪些数据是消费者的冲突，哪些数据是消费者的陷阱？我们必须用冲突理论去分析和判断，才不会掉进大数据的陷阱中。

03／注意，比消费者快半步

洞察消费者冲突，不仅要避免落入他们的陷阱，还要比他们快半步。

冲突，是战略的第一步；伟大的战略要比消费者快半步。

苹果是2018年全球最佳品牌排行榜中最具价值的品牌，更是首个价值达到2 000亿美元的品牌。苹果的伟大，不仅是品牌的伟大，乔布斯精神的伟大，更体现在无数产品的细节上。苹果以自我为中心，永远快消费者半步，从右脑的欲望出发，给消费者提供他们根本想不到的冲突解决方案，并且从未停止过激发消费者"欲望"的步伐，让人永远都期待着下一个产品的出现。

苹果：改变世界

品牌：改变世界是天才们永远
的冲突需求；而新世界的欲望则是
永远没有边界的。

产品："科技不能费解"。乔布
斯精通人性，所以他要把东西做成
最简单的，只有一个键，就连孩子
都会用。在科技和人性的冲突中，

乔布斯尊重消费者，尊重人性欲望中对"简单"的向往，坚决反对科技的复杂
化，让那些要改变世界的"疯子"，能更轻松地踏上征程。

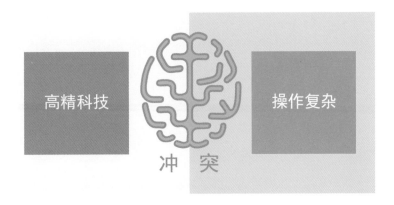

第一，制造和微软之间的冲突，创新了个人电脑——颠覆了传统电脑笨
重的特性，只有 12 磅重，仅用 10 只螺钉组装。

第二，制造和传统手机之间的冲突，创新了智能手机——取消了手机按
键，甚至消灭了 Home 键，让孩子也能轻松掌握。

第三，创造了 iPad，制造了新的冲突——iPad 既不是台式电脑，也不是
手机，更不是平板电脑。其制造了移动办公的新冲突，提供了更便捷、更人性
化的 iPad。

苹果的每一次产品升级，都是基于以自我为中心的思考方式，给消费者提供更便捷的使用方式、更简单的工具应用，激发消费者的购买欲望；所以，苹果也成为全球用户忠诚度最高的品牌之一，70%的用户换机时不考虑其他品牌。

解决消费者冲突的战略，就是优秀的战略；而企业以自我为中心出发，不停制造消费者冲突、激发消费者欲望的战略，就是伟大的战略。

04 / 在战术上重视敌人，在战略上藐视敌人

还有哪些冲突，没有被竞争对手发现并解决？

要想在竞争的赛道上获胜，关键不是要比对手做得更好，而是要比对手更早发现冲突，更好地解决冲突。

神州专车解决了什么冲突

在品牌面对强大的对手时，如果可以洞察到那些尚未被对手解决的消费者冲突，那对于品牌而言，无疑是一次巨大的机遇。

对于相同市场，相同消费人群，与其跟在老大后面蚕食市场，还不如转身洞察消费者的冲突，方能找到自己的立足点。我们通过神州专车的营销，不难发现找到消费者核心冲突的重要性：神州专车最早请来贝克汉姆为其代言，用了互联网常用的补贴手段，只是简单满足了左脑对价格的需求，并未深刻洞察消费者右脑的需求是什么，因此，即便是世界级的巨星，也未能在消费者心里占据一席之地。

而真正使得神州专车杀出重围的，则是从神州租车开始诉求"安全"之后。

车子的共享经济带给消费者的，除了使用的便捷性和价格的实惠外，还有更多环保的利益点。但我们从乘坐者的左脑和右脑来分析，乘坐陌生人的车到底隐藏着什么冲突？

左脑理智：一键乘坐的便捷性，司机良好的服务态度，私家车享受……

右脑幻想：以往美国警匪片里的镜头开始在脑海浮现，新闻里被黑车司机抢劫的镜头开始回放。毕竟是不认识的人，万一遇见黑车司机怎么办？

左脑的理智遇见右脑释放出的强大安全需求，价格、便捷甚至帅哥暖男司机的幻想都被搁置，神州专车诉求安全，解决了消费者最关键的冲突，就是人对安全的需求。

尤其深夜回家时，您是会叫安全的神州专车呢？还是其他的专车？

神州专车以"安全专车"发现并解决了消费者的冲突，其后又紧紧围绕着这个冲突，推出了孕妈专车、无霾专车等举措，强化品牌"安全"基因，不断提升品牌力，使神州专车成功突围。

而当对手相继爆出"打人""杀人"的事件之后，安全冲突被社会放大，神州专车更不断强化了自己的安全属性。

所以，一切的营销都需要回到人性的根本，洞察其背后的冲突所在，将消费者的冲突与产品力、品牌力和解决方案，强力连接在一起。

"冲突"是当下全新的营销方法论，提供给你一个全新的思考路径，能帮你一招致命地解决营销中的难题，实现指数级增长；如果你还不迅速地理解和运用冲突理论，小心你的对手会运用冲突理论，把你赶出赛道。

- 发现冲突，就是发现需求，
- 营销就能一招致命，实现指数级增长！

第四章

制造冲突

当主要冲突已经被对手解决了，我们该怎么办？

别担心！

与其在一条赛道上和对手争得你死我活，不如
制造冲突，创造需求，改变赛道，重构市场。

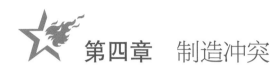

第四章　制造冲突

当主要冲突已经被对手解决了，我们该怎么办？
别担心！
与其在一条赛道上和对手争得你死我活，不如
制造冲突，创造需求，改变赛道，重构市场。

01/ 制造冲突就是
创造需求

冲突理论认为：制造冲突，就是创造需求，营销就能改变赛道，重构市场。

滋源制造了什么冲突

随着大多数企业采用细分定位的营销方式，细分市场只会越分越小，企业能够获得的利润就越来越少。在洗发水的赛道上，消费者的各种冲突都已经被国际品牌解决了，市场早已经趋于饱和。

- 从功能细分：去屑的、营养的、柔顺的、让头发更有韧性的、防脱发的、2 合 1 的甚至 3 合 1 的……
- 从成分细分：玫瑰的、精油的、马油的……

- 从渠道细分：流通的、美容院线的、电商的、微商的……

- 从价格细分、从性别细分、从年龄细分……

洗发水的市场还能怎么细分？

企业如果过度运用细分定位思维，就会画地为牢患上"营销短视症"。

2014 年，一家化妆品公司请叶茂中冲突战略做"无硅油"洗发水的策划，叶茂中这厮认为：从规律上来说，想要在品类已经非常成熟的红海市场，开辟出一块全新的领地，简直是从河南到湖南——"难上加难"；"无硅油"也只是一个细分的产品诉求，只能在竞争的饱和赛道上占据一条小小的跑道，充其量也只能分流一部分顾客。因此必须要制造冲突，改变赛道，重构市场，才能杀出重围，实现规模化的胜利。

该怎么做呢？

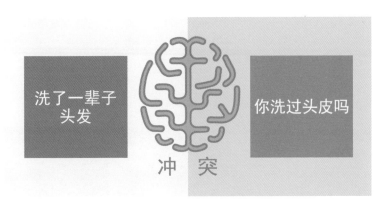

我们把洗发水改为洗头水，别小看只改了一个字，但我们却制造了一个新的冲突；"洗了一辈子头发，你洗过头皮吗？"制造了"头皮好，头发才好"的新冲突，成功地把消费者对头发的关注转向对头皮的关注，创造了新的需求，而且可以卖更高的价格。

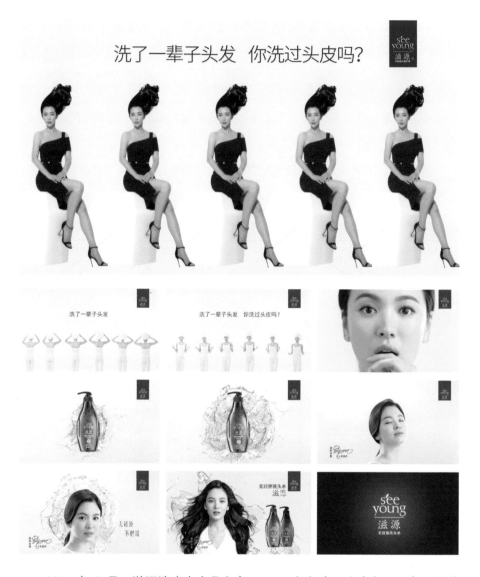

2014 年 6 月，滋源洗头水产品上市。2016 年年底，上市仅 30 个月的滋源洗头水，总体销售额过 73 亿元，成为本土洗护旗舰品牌、高端洗护旗舰品牌。2016 年 "双十一"，滋源以 1.2 亿元销售额位居洗护类全网销售第一；不仅是第一，而且是 TOP10 中唯一的民族品牌。

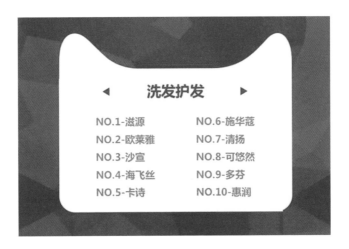

根据欧睿调研官方数据，2017年度按零售额计，滋源所占的国货洗护市场份额达到31%，已然成为近五年来中国洗护市场最大的一匹黑马和现象级品牌，甚至还被原本占据洗护市场主导地位的众多国际品牌重点研究和模仿。

制造冲突，需要有"差异化"的眼光，但千万不要等于差异化。甚至有的时候，我们制造冲突的结果是：未必是新产品，但必须有新意义！

02／制造冲突就是改变赛道

传统竞争论，特别强调研究对手，要提供差异化的诉求；但冲突理论希望各位读者更关注消费者和企业自身，你能提供给消费者什么更好的价值，才是超越对手最好的方式，就像埃隆·马斯克（Elon Mask）说过：对比思维通常只能带来细小的迭代，并不能创造出新物种；诺基亚基于竞争对手去定位，也不可能定出一个苹果。厉害的品牌来源于做更好的自己，高标自立，竞争对手只是一个参数值。

制造冲突，并非简单的"差异化"战略，不是重新构建细分市场，而是在人性的冲突面，激发出更大的欲望和需求，不以牺牲规模为代价。

美国著名的史学家、社会评论家克里斯托弗·拉什（Christopher Lasch）曾说："现代广告追求的是创造需求，而不是满足需求；它们只会促使人们产生更多的焦虑，却并不会让旧的焦虑消失。"制造冲突的目的，并非让人完全忘记原先的冲突，而是要激发更大的冲突，取代原先冲突的重要性；把过去的主要冲突化为次要冲突，把过去的核心冲突变为边缘冲突。

凯文·凯利（Kevin Kelly）在《失控》里面写过这样一句话："均衡即死亡。"制造冲突的目的就是打破均衡的关系，打破消费者的惯性路径，让天平发生倾斜，赛道才能重构。不停地制造冲突，就是不停地打破平衡的市场，创造新的市场机会。

乔布斯制造了什么冲突

2005 年，iPod 在全球热卖，成为苹果最红的产品时，乔布斯却宣布进军手机市场，制造了手机的新冲突。

乔布斯当时观察到一个现象：当你出门只能带三样东西的时候，一般会选：手机、钥匙、钱包（当然，现在只要带手机就可以了），其中并没有 iPod。乔布斯开始思考手机背后的价值链，他洞察到：未来，手机的用户价值可能会覆盖消费者的各种生活场景。甚至，手机的支付功能将取代钱包，手机的识别功能将取代钥匙。当时的手机开始配备摄像头，数码相机有了速朽的前兆。

乔布斯推断，同样的剧情也会发生在 iPod 上。当手机中可以内置音乐播放器时，人们还需要 iPod 吗？手机赛道才是更具有想象空间的赛道。

所以，在 iPod 销量蒸蒸日上时，乔布斯选择战略性放弃，转身制造手机赛道的新冲突，重新发明了手机。"伟大的产品应该只有一个按键。"乔布斯认为"便捷性"才是未来手机的主要冲突，真正的智能手机应该让孩子也能一学就会，甚至不用学就能自动掌握。

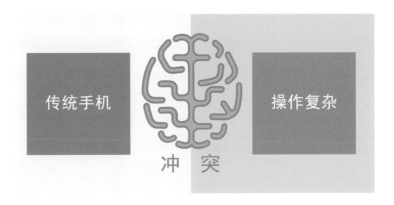

乔布斯重新发明了手机，制造了和传统手机之间巨大的冲突，改变了手机竞争的赛道，成为智能手机的头部品牌，就像乔布斯经常说的："你的时间

有限，不要被教条所限，活在别人的观念里。"你的时间有限，与其和别人在一条赛道上争个你死我活，不如制造冲突，改变赛道，重构市场。

03 / 制造冲突就是重构市场

在冲突理论看来：走老路到不了新地方，只有人走我不走，制造新冲突，改变赛道，才是企业战略的重中之重。

消费者需求是有限的，但欲望是无穷的。在无尽欲望的赛道上，制造冲突，就能激发新的"需求"，就能改变赛道，并且让你的品牌占据头部位置。尤其在当下，制造冲突更厉害的是 AI（人工智能）和 IOT（物联网）开始更彻底地重新设计赛道。

2018 年李彦宏提出："互联网思维已经过时了。"AI 思维将取代互联网思维，人工智能已经不仅仅局限在某个产品、某个行业，而是已经成为渗透社会毛细血管的重要组成部分。尤其是百度的无人驾驶已经从科幻电影中走出，开始走进我们的生活。人工智能将制造新冲突，改变出行的赛道规则，重构汽车市场。

"互联网思维"曾经破坏了传统营销所有赛道的规则；如今，人工智能的普及化和成熟化，也将会改变赛道，重构市场。

青山遮不住，毕竟东流去。我们身处于一个巨变的时代，就注定了不能安于常规赛道的竞争，在变化之前，主动制造冲突，才是拥抱未来的最佳姿态。

未来的竞争是残酷的，制造冲突才是赢得竞争的关键。

制造冲突，就是改变赛道。

制造冲突，就是持续地重构市场。

制造冲突才不会像大润发创始人黄明端说的那样："我战胜了所有对手，却输给了时代。"

柯达直到破产那天，生产的胶卷质量都是最好的；

诺基亚的手机，依旧可以把核桃砸破；

……

- 不要被冲突淘汰，赶在冲突升级之前，运用冲突理论，才能帮您制造冲突，创造需求，改变赛道，重构市场。

第五章

优秀的企业满足需求；
伟大的企业满足欲望

需求让人认同。
欲望让人向往。

第五章 优秀的企业满足需求；
伟大的企业满足欲望

需求让人认同。
欲望让人向往。

01/ 优秀的企业是时代的成功，
伟大的企业是人性的成功

萧伯纳说："人生苦闷有二，一是欲望没有被满足，二是它得到了满足。"——这就是冲突。

优秀的企业，满足消费者需求；

伟大的企业，满足消费者欲望。

优秀的企业是时代的成功，伟大的企业是人性的成功。

要成为伟大的企业，我们必须从消费者欲望入手，找到更大、更持久的冲突机会。

基于时代成功的企业，会因为时代逝去而消亡。而基于人性成功的企业，会让品牌成为永恒文化的象征。

（2018 年全球亿万富豪榜显示：身家 1 120 亿美元的杰夫·贝索斯第一次成为首富）

"我在亚马逊的投资上，做出了错误的选择。我们曾经研究过这家科技公司，但我没能得出投资的结论。而现在它的前景比当前价格要好得多。"在伯克希尔－哈撒韦公司（Berkshire Hathaway）股东大会上，沃伦·巴菲特（Warren Buffett）承认自己低估了亚马逊创始人杰夫·贝索斯（Jeff Bezos）的能力，并为早年错过投资亚马逊而后悔。

巴菲特为什么会认为贝索斯是"非凡之人"？为什么亚马逊是这个时代不该被低估的伟大企业？

02/亚马逊到底满足了什么欲望

因为，亚马逊是"地球上最以客户为中心的企业"，贝索斯是强迫症式的以客户为中心，将"客户至上"意识贯彻到了极致，从人性层面洞察到了消费者最大的冲突："在零售业，我们知道客户想要低价，这一点未来 10 年不会变。他们想要更快捷的配送，他们想要更多的选择。就算再过 10 年，也不可能有一个客户跳出来对我说：贝索斯，我真的爱亚马逊，我就是希望你们的价格能再高一点，或者我爱亚马逊，我只是希望你们配送能再慢一点。"

贝索斯关注的不仅是消费者眼前的需求，更是人性深处永恒的欲望，对于消费者而言，"买买买"最大的欲望，就是花最少的钱，买到最好的价值感和体验感。

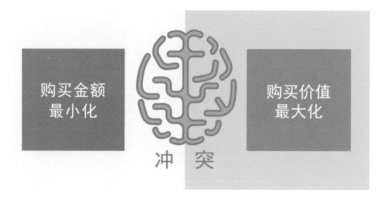

所以亚马逊云服务（AWS）业务在长期没有竞争对手的情况下，主动降价 51 次，主动解决消费者的冲突。

对消费者而言，网购的次要冲突就是：

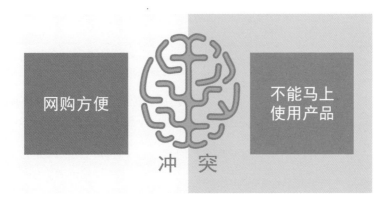

　　亚马逊在尚未盈利的时期，贝索斯就完全不顾忌财务报表上的利润，把钱投入 FBA、仓储货运、AWS 云等重大基础设施建设中，早于对手完成了最后一公里的全布局（其中包括无人机、配送机器人、Amazon Flex 众包模式的即时配送），以确保 Amazon Prime 会员能享受到两日达，甚至在规定区域能体验到一小时送达的服务快感，大大解决了消费者即买即得的冲突。

　　亚马逊不是大到不能倒，大公司寿命一般是 30 多年，而不是 100 年。如果我们开始关注自己而非客户，那将是结束的开始。

——近日贝索斯在亚马逊全体员工大会上表示

　　贝索斯自认没有乔布斯那样天才的能力，在他看来，要让消费者来买，一定要从消费者的欲望出发，解决他们最本质的冲突。千万别盯着你的竞争对手，他们又不给你钱。只有解决消费者核心的冲突，才能让亚马逊永远保持 DAY 1 的状态，也才能最终成就亚马逊的伟大。

　　要成为伟大的企业，我们必须像贝索斯一样对冲突持有动态的洞察力，冲突不断升级，从左脑到右脑，随时都要有"还有 30 天，我们就会倒闭"的危机感；更要对人性持有深度的共感力，始终给出最人性的解决冲突的方案。

　　柯达胶卷无疑是伟大的产品，但是冲突发生变化之后，产品力再强，品牌再好，也无法持续地和消费者发生关系。产品力解决消费者冲突，必须具备迭代创新思维，随时洞察消费者的冲突是否发生了转移或者升级，不能只是一味地提供"更好"的胶卷，而和消费者的新冲突毫无关联。

诺基亚也曾是伟大的产品、伟大的品牌，但是恐龙往往不是被更大的恐龙消灭的，而是被那些"制造冲突"的外来者颠覆消灭的。苹果制造了手机的新冲突，将消费者吸引到"智能手机"的赛道上；号称"科技以人为本"的诺基亚，最终却输给了新的科技。

消费者的欲望没有边界，冲突就不会停止，千万不要坐等别人来终结你的"冲突"。解决来自欲望的冲突，才能真正成就一个伟大的品牌愿景。

03 / 要成为伟大的企业，必须解决伟大的冲突

什么叫大企业家，什么叫小企业家？

在叶茂中这厮看来，有大理想的企业家就是大企业家，有小理想的企业家就是小企业家。也许今天看，许多企业在同一起跑线上，没有太大分别，但是几年以后，因为理想不一样，企业的发展就完全不一样。

要想成为伟大的企业，必须解决伟大的冲突。

对企业家而言，什么才是伟大的冲突？

伟大的冲突来自大多数人的欲望，全球市值排名前 10 名的企业中，有 6 家企业（苹果、谷歌、亚马逊、阿里巴巴、腾讯、Facebook）的市值都超过了

5 000 亿美元。他们成功的关键，都是选择进入"大海洋"制造冲突，而不是在"小池塘"里浪费人生。

腾讯和 Facebook，制造了全世界渴望更便捷地沟通和社交的欲望。

苹果则用 iPhone 奠定了移动互联网时代的硬件标准，将硬件、软件、服务、生态全部合为一体，完成了移动互联网一机化。出门只需要带一部手机，就万事大吉，极大地满足了人类生活便利的欲望。

上一个世纪的企业，抓住一次机会或者两次机会，就会成为一家了不起的企业。但在 21 世纪，要成为了不起的企业，必须解决了不起的问题，想成为伟大的企业，必须解决伟大的问题。

伟大的企业首先要解决"大"冲突，企业家必须走出小池塘的舒适区，才能向伟大迈出第一步。

04 / 从小知乎到大知乎

知乎以往的战略，是基于小众人群的基础，找到对知识深度有共鸣的人群，说一些彼此能懂的话，调一些彼此能懂的情，加深的是核心人群对知乎的黏度，再由核心人群作为意见领袖对品牌进行二次传播，慢慢扩大知乎的受众人群。

但时间不等人，发展不能慢。

从小知乎，到大知乎；从优秀到伟大，知乎的核心冲突应该进行怎样的升级呢？

- 小知乎解决的是：知识炫耀的冲突，满足了小众人群的知识狂欢；
- 大知乎要解决的是：知识真相的冲突，满足的是大众人群对知识的欲望。

知乎究竟是小众人群身份的象征，还是大众获取知识真相的工具？

知乎人格化的问答方式，值得信赖的知识获取方式，难道不会激发更多人对知识的欲望吗？

如果只是解决小众人群的冲突，知乎可能就会错失成为伟大企业的机会了；满足更大的知识欲望，满足更多人对知识的欲望，才能成就知识领域中伟大的品牌。

小知乎解决了小众人群的核心冲突，但如果一味地追求垂直生态的生长，不仅会把知乎困在小池塘中，更会让亿万用户错失在知乎上寻求知识真相的入口，对于企业而言则是会错过成为一家更伟大的企业的机会。

知乎要成为更加伟大的企业，必须要走上规模化发展的快速通道。知乎的核心冲突必须升级。

从小知乎发展为大知乎，从小众到大众，叶茂中冲突战略在策划时对核心冲突的洞察是："互联网用户需要获取有价值的信息，但大多数平台的信息良莠不齐。"

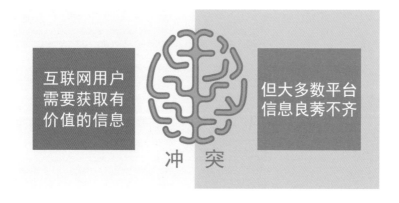

"你知道吗？

你真的知道吗？

你确定你知道吗？

你真的确定你知道吗？

有问题上知乎。

上知乎、问知乎、答知乎、看知乎、搜知乎、刷知乎……

有问题，上知乎。

我们都是有问题的人！"

通过"你知道吗""你真的知道吗""你确定你知道吗""你真的确定你知道吗"四连问的冲突诉求激活并放大消费者冲突。

第一，人群的规模化。让更多的人知道知乎，不再局限于一、二线城市里的高知人群，而是希望能和所有"对知识有需求的人"进行链接。"我们都是有问题的人"给予知乎用户强烈的归属感，清晰地区别于百度。

第二，产品矩阵的规模化。让更多的人知道知乎能干什么——由刘昊然快速念出知乎不同的使用方法"上知乎、问知乎、答知乎、看知乎、搜知乎、刷知乎"，不仅是品牌名的重复，更是希望让用户知道更多使用知乎的方法和场景。

第三，通过战略调整，触达更多用户。让还不熟悉、不了解知乎，但有可能使用知乎的人，知道知乎、下载知乎、使用知乎。从小众化的诉求调性，到大众化的冲突解决，完成的是"有问题，上知乎"的规模化战略，也是从优秀走向伟大的开始。

　　2018 年世界杯期间，知乎开始传播新的战略诉求：知乎从总榜排名第 119 名上升到总榜第 11 名；在苹果应用市场社交榜冲到排名第一。从小知乎开始迈向大知乎。

　　战略调整前知乎的估值是 10 亿美元，而 8 月 8 日知乎完成了 2.7 亿美元的 E 轮融资，估值接近 25 亿美元，知乎注册用户数已经突破 2 亿。

　　为什么在那么短的时间内，知乎的估值能上升那么多？

　　因为"有问题，上知乎"的战略，明确了知乎解决的核心冲突是在"知识分享的大海洋"，而不是在"知识炫耀的小池塘"；明确了知乎应该为更多用户，提供更轻松地获取可信任的知识 / 解答的企业使命感，从优秀开始迈向伟大。

05／欲望，让产品变得伟大

　　伟大的企业，启程的是产品，抵达终点站的是品牌。伟大的品牌最终和消费者沟通的一定是高于产品、高于需求的理念，来自人类的欲望，比如下面的六个杯子。

比水更贵的水，只为解决人类永恒的冲突

清醒与糊涂

6个杯子，统治了全人类

白酒　　红酒　　啤酒　　绿茶　　咖啡　　可乐

各位读者，身体的需求是有限的，精神的欲望是无限的。比如，好身材是所有人的需求，但坚持锻炼并不容易。你必须激发他们的"炫耀欲望"，激发他们想象晒出自己的跑步路线，晒出自己的人鱼线、马甲线、肌肉照之后，引发的围观和尖叫，制造出"炫耀性"的新冲突，才能激发他们持续地锻炼下去。

所以，当物质需求已经超负荷时，新产品的入口必须从人类的欲望出发寻找，才能找到更有效的市场，由消费者的欲望倒推出产品的需求，这才是王道。

钻石从来都不是世界上最有用的石头，却是价值感最强的石头，为什么？

因为它为爱情满足了"安全感"的欲望，戴比尔斯公司发现了女生面对爱情时的巨大冲突：渴望爱情又担心爱情易变。其广告语解决了冲突：钻石恒久远，一颗永流传。用钻石作为爱情的承诺，把钻石的坚硬转换为"爱的承诺"，带给女生关于爱情的安全感，解决了女生对爱情的核心冲突。

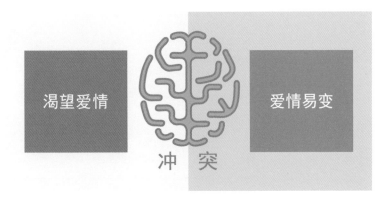

爱可能来自于第一眼的惊艳，但一辈子的爱一定来自于内在的吻合和灵魂的匹配，能否和消费者谈一辈子的恋爱，源于是否能够洞察消费者内心的情感所归、欲望所在。

所以，想要知道自己的市场有多大，首先要看看消费者的欲望有多深。

在《消费社会》中，让·鲍德里亚（Jean Baudrillard）说：消费主义指的是，消费的目的不是满足"实际需求"，而是不断追求被制造出来的、被刺激的欲望。

- 需求让人认同。
- 欲望让人向往。

第六章

解决冲突的路径一：进攻左脑

进攻左脑——靠产品真相（性能、包装、价格等），
是物质及技术的竞争。

第六章　解决冲突的路径一：
进攻左脑

进攻左脑——靠产品真相（性能、包装、价格等），
是物质及技术的竞争。

01/ 从左脑解决更快，
还是从右脑解决更好

冲突产生了，就好像两个人打架，你可以拉开左边的，也可以劝住右边
的，只要一方停手了，冲突就被解决了，关键就是要判断清楚哪边更容易听劝
停手，我们就先劝服哪边，解决冲突。

解决冲突的关键，首先要判断清楚消费者的冲突，是从左脑解决更快，还是从右脑解决更好。

本章和诸位读者先讨论如何进攻左脑。

02/进攻左脑
靠产品真相

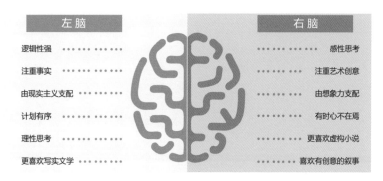

左脑，被称为"理性脑"，主要处理文字和数据等抽象信息，具有理解、分析、判断等抽象思维功能，有理性和逻辑性的特点。

进攻左脑解决冲突，靠产品真相（性能、包装、价格等），是物质及技术的竞争。

产品真相必须是解决消费者冲突的具体解决方案，而不仅仅是产品力的描述；

产品真相必须是一招致命的。

为了让消费者能清晰地感受到沃尔沃解决"安全"冲突的能力，沃尔沃选择了极端且充满戏剧冲突感的方式，表现出沃尔沃的产品真相，让消费者立即就能理解产品解决冲突的能力。

文案：如果焊接不牢固，这辆车就掉到了本文作者的身上。

几年来，我一直在广告中"吹嘘"沃尔沃的每一个焊点，都足以承受整辆汽车。

有人认为，我应该以自己的身体，来验证我所说的话。于是，我们把车悬挂起来，而我则爬到了车子底下。

当然，沃尔沃740不负所望，而我则得以活着出来把我的经历讲给大家听。

进攻左脑，解决冲突，产品的真相一定要一招致命地切入消费者冲突的要害。快，狠，准地提出解决方案，让消费者左脑理性赞同甚至钦佩，放弃抵抗，就像乔布斯的"把1 000首歌放进口袋"。

GymIt 健身中心的产品真相解决了什么冲突

美国高端的健身中心，产品诉求多为：明星教练、黑科技健身器材、优雅的空间设计、高端的按摩服务等。但这些产品力是否解决了那些高端人士无法坚持去健身房的主要冲突呢？

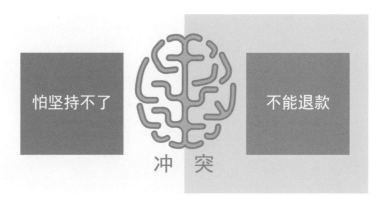

GymIt 洞察到，对于高端人士，繁忙的工作节奏带来的冲突就是：昂贵的年卡费用和"万一不去了，不能退款"之间的冲突。为了解决这个核心冲突，GymIt 重塑了产品真相。

文案：只要你想，不必假装搬家便能解约。

随时退款，一招致命地从左脑解决了消费者冲突。反正退起来很方便，就没有后顾之忧了。

王尔德说：知识本身不值钱，展示知识的方式才值钱。同理，产品力很重要，但展示产品解决冲突的能力才更有价值。进攻左脑的目的，不是强行植入产品诉求，而是要让消费者快速理解产品解决冲突的能力。

承诺，是产品真相进攻左脑、解决冲突的关键。

我们要向奥格威学习：消费者不是低能儿，她们是你的妻女。若是你以为一句简单的口号和几个枯燥的形容词就能够诱使她们买你的东西，那你就太低估她们的智商了。她们需要你给她们提供全部信息，最重要的信息是你承诺了什么好处——承诺，大大的承诺，是广告的灵魂。

进攻左脑，解决冲突，要始终记得：用户要的永远不是直径五毫米的钻头，而是直径五毫米的钻孔。消费者需要的产品真相是具体的利益承诺，是从左脑解决冲突的具体方案。

03／超预期的产品真相
才能一招致命

进攻左脑，解决冲突，左脑需要一个能够被说服的理由，直接、理性、符合逻辑。

戴森依靠强大的极客精神，快速进攻了消费者的左脑。

热爱戴森的用户一定听过其著名的"5 127 次失败"理论。经过 5 127 次失败，世界上第一台无尘袋真空吸尘器诞生，此后 30 多年时间里，"5 127"这个数字成了戴森公司的"图腾"。用强大的数据征服消费者左脑，成为戴森标志性的产品诉求手段，但其数据始终是用来解决冲突的。消费者的左脑可能并不明白马达系数是什么，但看到可以吸附 99.97% 小至 0.3 微米的微尘，立马就会觉得在雾霾的笼罩下，必须拥有一台真空吸尘器。

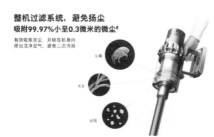

摆事实、讲道理的目的不是普及科学知识，而是进攻左脑，解决冲突，征服消费者。在今天的商业竞争中，设计出超预期的产品真相，更能一招致命地从左脑解决冲突。要知道，消费者的左脑已经见识了太多的逻辑、数据、证明等，要强攻下左脑，有时要超过他们的预期值，才能迅速杀出一条血路。

美国 Texas Armoring 防弹玻璃公司就是一个经典的例子。他们的董事长让员工把自己公司生产的防弹玻璃（约 2 英寸厚）放在自己面前，然后让员工在距离不到 5 米的地方手持 AK-47，对着玻璃直接开枪。玻璃牢固无比，老板自然也毫发无损。

这个视频迅速走红互联网，人人都知道了 Texas Armoring 的防弹玻璃的质量是超预期的，其销量也快速提升。

正面进攻左脑，我们需要超预期的产品真相，才能一招致命。但当竞争的赛道已经被头部品牌霸占，我们需要逆向思考，制造冲突，反向创新产品，才能把消费者吸引到我们的产品赛道上。

珀莱雅制造了什么冲突

在为珀莱雅策划时，叶茂中冲突战略发现：肌肤的补水市场，早就被各种细分产品挤得满满当当。

- 从功能分：基础补水、美白补水、滋养补水、深层补水……
- 从成分分：有植物的、有矿物质提取的、有神秘配方的、有黑科技研究的……

在补水的产品赛道上，消费者面对同质化的产品，甚至过度承诺补水效果的产品，早都习以为常。

只有制造冲突，才能改变赛道，为珀莱雅赢得头部位置。

于是我们制造了"两瓶水比一瓶水更专业的"冲突。将肌肤的需求更科学地分解为白天和夜晚两种不同的需求；将一瓶水更科学地分解为晨水和晚水两瓶水。

晨醒水——肌肤在白天更容易出油，需要更清新的呵护；

夜养水——肌肤在夜晚需要更滋养的补水，从深层促进肌肤新生。

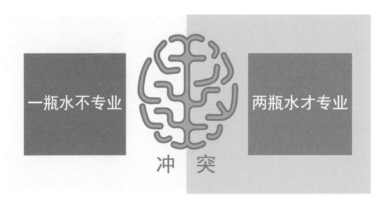

　　一瓶水无法满足不同时间段肌肤的需求，两瓶水才能更科学地满足肌肤需求，用"让肌肤一天年轻两次"的产品真相，攻下了消费者的左脑，重构了"补水"市场。

　　其后，珀莱雅进一步强化了冲突的产品力量，推出"晨醒霜和夜养霜"。

　　2017 年，珀莱雅成为"本土美妆第一股"，登陆了上交所。

04／农夫山泉
如何进攻左脑

　　进攻左脑解决冲突，不仅要摆事实、讲道理，也可以借助对比的方式，为你的"证据"提供更可信任的资料做支撑。

　　从"农夫山泉有点甜"，到"我们是大自然的搬运工"。农夫山泉就曾经发动过一场"世纪水战"，通过对比的方式，从左脑进攻，制造了酸碱水之间的冲突，激发了消费者对天然水的需求。

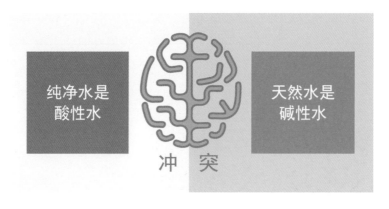

　　农夫山泉作为"水"市场的后来者，很难超越娃哈哈等纯净水的领导地位，只能通过制造冲突的方式，改变赛道，重构市场。

　　于是，农夫山泉通过三大科学对比实验论证了天然水更健康。

　　植物实验：水仙花在纯净水和天然水中的生长状况。40 天后，纯净水中的根须质量不到 5 克，天然水中的根须质量超过 12 克。

动物实验：6 天后喝纯净水的大白鼠活着的剩 20%，而喝天然水存活的大白鼠还有 40%。

细胞实验：两滴血分别滴入纯净水与天然水，在高速离心机里离心，纯净水中的血红细胞胀破。

三大实验之后，农夫山泉在每个包装上都提供了酸碱测试纸，进一步强化了左脑对碱性天然水的健康认知。

通过一次次的对比实验，制造一次次的冲突，一次次进攻消费者的左脑，让左脑接受了"天然水更健康"的产品真相，重新构建了饮用水的赛道，成为头部品牌。

最后，叶茂中这厮提醒各位读者：

进攻消费者左脑，必须清楚地回答：

- **产品诉求，解决了什么冲突？**
- **产品诉求制造了什么冲突？**

而不仅仅是依靠产品力的描述，这才是一招致命的产品真相。

第七章

解决冲突的路径二：进攻右脑

进攻右脑——靠品牌真相（心理感受、价值共鸣、
品牌的附加值等），是精神及心理
的竞争。
产品速朽，感动常在。

第七章　解决冲突的路径二：进攻右脑

进攻右脑——靠品牌真相（心理感受、价值共鸣、
　　　　　品牌的附加值等），是精神及心理的竞争。
产品速朽，感动常在。

01/ 进攻右脑靠品牌真相

什么感动了王石的右脑

王石曾经讲过这样一次亲身经历：

多年前他把一部日产相机弄坏了，由于国内缺少原配件，他拜托一个前往日本的朋友带去修理。朋友打电话说修理费很贵，抵得上再买一部新相机了。王石不假思索地回答说：那就不修了，再买一部吧。

很快，朋友又打来电话，说修理师傅说了，产品都是有生命的，尤其是和你经过多年相处的，如果再买一部就是另外一个生命了。而这个生命就不存在了，要他再考虑一下。

王石大为感动，立刻就被说服了。

买一部新的相机，是王石左脑的决策，是理性的；

选择修理相机，是王石右脑的决策，是感性的。

本章我们就和诸位读者讨论一下如何进攻右脑。

左脑	右脑
逻辑性强	感性思考
注重事实	注重艺术创意
由现实主义支配	由想象力支配
计划有序	有时心不在焉
理性思考	更喜欢虚构小说
更喜欢写实文学	喜欢有创意的叙事

右脑被称为感性脑，处理声音和图像等具体信息，具有想象、创意、灵感和超高速反应（超高速记忆和计算）等功能，有感性和直观的特点。

进攻右脑解决冲突，靠品牌真相（心理感受、价值共鸣，以及品牌的附加值等），是精神及心理的竞争。

品牌真相是解决消费者冲突的具体沟通方案，而不仅仅是品牌形象的输出；品牌真相必须是一招致命的。

牛奶制造厂联合所组成的 California Milk Processor Board，曾经努力了 20 年，销售都没有起色，直到改变营销战略，启动了 "got milk?" ——向右脑进攻，才一招致命解决了冲突，让牛奶的销量从谷底反弹，快速提升，更成为美国营销史上的经典战役。

之前的 20 年，California Milk Processor Board 和大部分牛奶商家一样，卖力地说产品对健康的好处，进攻消费者的左脑，可结果却是抱住木炭亲嘴，碰一鼻子灰。销量仍然逐年下滑，根据后续的调研来看，超过九成的消费者都认同这样的诉求，但并不埋单，特别是年轻人和小朋友，他们认为这些说辞就像妈妈的唠叨。他们认为喝牛奶不酷，喝碳酸饮料才是年轻人该做的事。

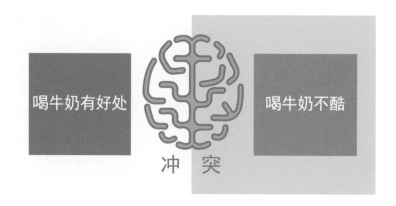

California Milk Processor Board 改变战略——进攻消费者的右脑，不再说喝牛奶有多营养，而是让明星们带着牛奶胡须，把喝牛奶变成一件特别酷的事情，一招致命地解决了冲突，销量直线上升。

　　哲学家说：女人是用来被爱的，不是用来被理解的。消费者也是，在一个充满焦虑的时代，每个人都好像一座孤岛，渴望被爱、被关注。他们有时并不需要"摆事实，讲道理"的说服，而渴望品牌制造出的错觉、幻觉和心理暗示能帮助他们更快解决冲突，更快地拉近现实自我和理想自我之间的距离。

02／从八个方向进攻右脑：自由、掌控、地位、责任、不朽、冒险、归属、运势

　　理智解决不了，用情感打动；

　　逻辑解决不了，用直觉驱动；

　　科学解决不了，用信仰沟通。

　　营销的目的就是说服与沟通，当进攻左脑说服不了消费者的时候，或者相比竞争对手，我们的说服力没有那么强大的时候，我们需要和消费者的右脑展开沟通。品牌真相最大的作用并不仅仅是品牌形象的输出，而是解决冲突。

消费者购买一种商品的动机，总是出于物质和精神的两大需求。从左脑来看，消费者看重的是商品解决冲突的能力，需要产品理性的承诺；但在竞争激烈的商品社会中，同类型的商品很多，消费者的右脑对于商品的需求就不仅仅是为了获得商品的使用价值，同时也需要在精神层面得到满足，这也是为什么王石最终放弃购买相机，选择修理相机的原因。

进攻右脑，解决冲突，品牌的真相一定要一招致命地切入消费者冲突的要害。稳、准、狠地提出解决方案，让消费者感性的右脑能理解、信任和感动。

品牌真相必须通往人性的真、善、美。

"When they go low , we go high."
当别人往道德的低处走时，我们要继续向高处前行。

这句话源自米歇尔在美国民主党全国代表大会上的演讲。

解决冲突的目的是获取利益，但不要为了利益放弃"人性"，坚守人性最动人、最善良的地方，是让品牌闪耀光芒的不二法则，这是叶茂中这厮对各位读者的谏言。

我们可以从右脑的八大基本需求中，选择一个适合的进攻消费者右脑。

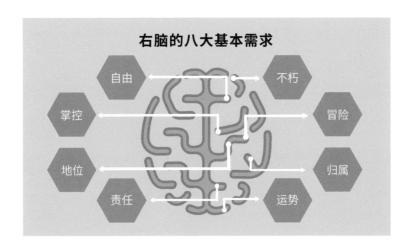

从责任感——柒牌的品牌真相

2003 年，叶茂中冲突战略为柒牌男装策划时，它的目标消费人群主要集中在三、四线市场，由于宏观经济环境的问题，他们中的很多人都已经下岗，生活的压力让他们难以承受。

我们在实地走访时，听到一个真实的故事：

一位父亲下岗后，经济变得十分拮据。有一天，孩子上学前问父亲："今天放学后能不能吃到肉？"

父亲说："没问题。"

父亲带了很少的钱去买肉，遇见了一个心肠蛮好的肉贩，只是话说得不当："你这点钱还买什么肉，我送你得了！"说完，就割了一块肉送给这位父亲。

这位父亲回家给儿子烧好肉，就跳楼自杀了。

听了这个故事，叶茂中这厮的心情久久不能平复，我们能不能借助柒牌男装的传播，激励压力下的男人们？回到县里的小旅馆里，叶茂中这厮写下了这段旁白：

生活就是一场战斗，

谁都可能暂时失去勇气，

要改变命运，

先改变自己，

男人就应该对自己狠一点，

柒牌男装，迎着风向前。

通过"励志"的文案，柒牌男装攻进了消费者的右脑，"男人就应该对自己狠一点"的品牌真相，也激励了千千万万的男性消费者。

"男人就应该对自己狠一点"的广告语迅速震撼了众多目标消费者的心灵，成为当时男人们相互鼓励的一句话，很多人甚至将这句话作为"座右铭"来激励自己。2004 年年初，新浪网、中国经营报、中国广告网、国际广告杂志等媒体将"男人就应该对自己狠一点"评为 2003 年度最激励中国人的广告口号。

　　在时隔四年的 2008 年，中国遭遇了百年难遇的冰冻雪灾、汶川大地震，同时又将迎来全球瞩目的北京奥运会。在这不平常的一年里，中国人民需要更多的激励，柒牌再次投放"男人就应该对自己狠一点"的广告，虽然只是在奥运期间短暂投放，但又一次引起了社会轰动，奥运会上刘国梁教练率领乒乓球男队拿到冠军后接受采访时，直接就将"男人就应该对自己狠一点"作为获得冠军后的感言。

自由意志——哈雷的品牌真相

在很多美国大片中，我们经常会看到这样一个场景：一群人坐在高高的哈雷摩托车的皮革座上，听着引擎发动时巨大的咆哮声，穿着厚厚的黑皮夹克、牛仔靴，脸上呈现出骄傲的神采，仿佛置身于天堂。为什么骑在哈雷摩托车上会有如此的享受？答案并非是哈雷的速度"比火箭更快"，而是哈雷已经成为他们的一种特殊体验，一种独特的生活态度和行为，一种非凡的生活方式。

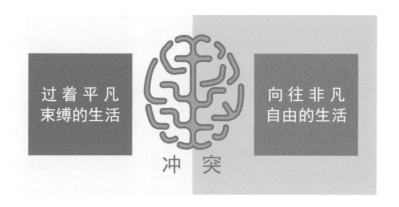

　　哈雷当然是世界上最好的摩托车，但未必所有的哈雷迷都能了解那些非凡的性能指数，但这并不妨碍他们把哈雷的 LOGO 作为自己的纹身。哈雷并非只是一辆车，而是自由的象征。哈雷进攻右脑，解决了消费者冲突，制造的是哈雷迷们对生活的叛逆和对自由的向往。

这个时代一定是价值观的时代，当物质极大丰富的时候，如果不能在价值观上找到共振，不能在情感上找到共鸣，你是卖不出东西的，所以必须要在构建价值观时找到跟消费者的共鸣，从情感上找到共振。

03／进攻右脑的最高境界：价值观

乔布斯内部演讲谈营销时说："对我来说，营销学讲的是价值观。一个伟大的品牌想保持自己的领军地位和活力，就需要对品牌进行投资和呵护。在过去的几年里，苹果在这方面的疏忽让品牌受到了影响。我们需要找回失去的东西。

现在不是谈论速度和反馈的时候，不是谈论 MIPS 架构和兆赫的时候，也不是说我们为什么优于 Windows 系统的时候。

耐克可以称得上是营销界史无前例的最强者，请记住，耐克卖的是商品，是鞋。然而，当你想起耐克时，你会觉得它与其他鞋业公司有所不同。他们永远不会告诉你耐克的气垫里隐藏着什么秘密，为什么它比锐步好。那么，耐克的广告究竟是在宣传什么呢？它们宣传的是尊重伟大的运动员和竞技体育，这就是耐克，这就是它关注的内容。"

所以乔布斯为苹果创作了经典的品牌真相——Think Different（非同凡响）。

"向那些疯狂的家伙们致敬，

他们特立独行，

他们桀骜不驯，

他们惹是生非，

他们格格不入，

他们用与众不同的眼光看待事物，

他们不喜欢墨守成规，

他们也不愿安于现状。

你可以赞美他们，引用他们，反对他们，

质疑他们，颂扬或是诋毁他们，

但唯独不能漠视他们，

因为他们改变了事物。

他们发明，他们想象，他们治愈，

他们探索，他们创造，他们启迪，

他们推动人类向前发展。

也许，他们必须要疯狂。

你能盯着白纸，就看到美妙的画作么？

你能静静坐着，就谱出动听的歌曲么？

你能凝视火星，就想到神奇的太空轮么？

我们为这些家伙制造良机。

或许他们是别人眼里的疯子，

但他们却是我们眼中的天才。

因为只有那些疯狂到以为自己能够改变世界的人，

才能真正地改变世界。"

　　进攻右脑，不能仅仅依靠"诱惑"的小技巧，更需要人性底层的大智慧和价值观，才能激发右脑的共鸣和向往。

　　弘一大师讲人的生活有三个层次：物质生活、精神生活和灵魂生活。从产品真相到品牌真相，就是从物质到精神，甚至到灵魂的沟通。没有孰优孰劣，同等重要，只是需要各位读者判断清楚消费者的冲突，是从左脑解决更快，还是从右脑解决更好？但对于条件允许的企业而言，产品真相和品牌真相，两手都要抓，两手都要硬。

　　最后，叶茂中这厮提醒各位读者：

进攻消费者右脑，必须清楚地回答：

- 品牌诉求，解决了什么冲突？
- 品牌诉求，制造了什么冲突？

而不仅仅是品牌形象的输出，这才是一招致命的品牌真相。

第八章

解决冲突的路径三：
同时进攻左脑和右脑

进攻左脑解决冲突，靠产品真相；
进攻右脑解决冲突，靠品牌真相；
有些时候，可同时进攻左脑和右脑。

第八章 解决冲突的路径三：
同时进攻左脑和右脑

进攻左脑解决冲突，靠产品真相；
进攻右脑解决冲突，靠品牌真相；
有些时候，可同时进攻左脑和右脑。

01／武汉卷烟厂是如何同时进攻
左脑和右脑的

2004年，叶茂中冲突战略为武汉卷烟厂制定战略时：

全国29家卷烟企业，武汉卷烟厂倒数第二。

烟叶不如云南（红塔山、云烟），

推广不如浙江（利群、大红鹰），

渠道不如湖南（白沙、芙蓉王），

品牌不如上海（中华、熊猫）。

武烟集团董事长彭明权对叶茂中这厮说："武汉卷烟厂在20世纪80年代初于全国还是名列前茅的，但是它'睡着了'，一'睡'就是17年！这些年来，虽然武汉卷烟厂曾经做过全国网建的模范，甚至其技术力量现在还在全国排得上号，但是市场、品牌却落后了！武汉卷烟厂请你们来，就是希望能帮忙研究战略，研究一年、两年甚至五年、十年后武汉卷烟厂的发展。更重要的是如何以最快的速度突围，再不突围就来不及了！"

如何异军突起？

研究对手固然重要，发现消费者的冲突更关键！

我们必须回到消费者冲突中，洞察他们还有哪些冲突没有被竞争对手解决？

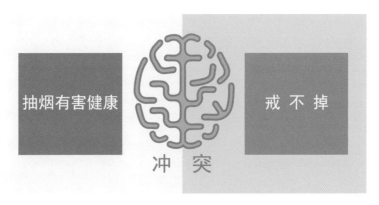

这是烟草行业永恒的冲突，健康和抽烟之间的冲突——冲突越大，消费者渴望解决冲突的欲望就越大，尤其是高端消费者更甚。

进攻左脑

武汉卷烟厂从冲突出发，创新推出了更短的烟支，俗称"三口烟"，不仅更贵而且更短，简单粗暴，一招致命地降低了高端烟民抽烟时健康的"冲突感"。当时，1 800元一条烟的奢侈品价格，还解决了高端香烟消费者注重其象征社会地位的消费需求。

进攻右脑

禁烟广告都直接印刷在烟盒上,但香烟的销售额还是逐年递增。那不仅仅是因为"烟瘾"作祟,更是吸烟者对"烟"所能产生作用的依赖——烟能带来灵感,烟能带来思考,抽烟的片刻能让烟民摆脱现实的压力,甚至抽烟的快感能稍稍缓解烟民们现实和理想之间的冲突。

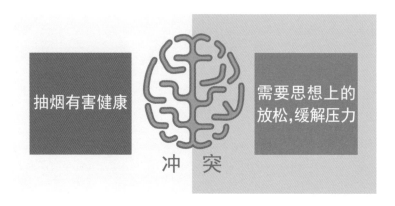

"烟"就如同一种心理安慰剂,总能给我们带来灵光乍现的奇迹,吸烟者对烟的欲望不仅是因为抽烟本身的快乐,更多的是来自抽烟带给我们的心理安慰。而抽烟之所以能在全球盛行,也是因为在抽烟的人群中,不乏名人。

"烟"从物质上满足了吸烟者对尼古丁的依赖;但"烟"更从精神上满足了人们对"思想"的欲望——在抽烟的时刻,每个人都可能成为"思想者"。

满足这种欲望,或许就能让消费者稍稍忘记健康的冲突,给予抽烟一个合理的理由——思想需要放松,灵感才能涌现。

进攻右脑,解决吸烟者的冲突。叶茂中冲突战略创作了"思想有多远,我们就能走多远"的品牌真相。

十余年时间，通过持续地进攻左右脑，解决冲突，武烟集团利税从 5 亿元上升到 800 亿元，创造了烟草业最大的增长奇迹。

02 / 持续地影响消费者，不要成为一个"15 分钟的网红"

安迪·沃霍尔（Andy Warhol）曾经说：每个人都有 15 分钟的成名时间。但 15 分钟之后呢？

打个比方：网红就是依靠奇特的产品力（外貌、才艺、段子等）进攻了消费者的左脑，让消费者眼前一亮，停留了 15 分钟；之后就进入了产品速朽的阶段，被模仿、被山寨，而自己又苦于无法对产品进行再次迭代，于是就只能止步于此。

要成为长红的明星，则需要持续地输出优秀的作品，进攻粉丝左脑；同时也需要塑造自己独特的个性魅力，进攻粉丝的右脑。这样才不会落得"但见新人笑，哪闻旧人哭"的境地。

在一个产品速朽的时代，我们要把企业打造成明星，才能抵抗"只能红过 15 分钟"的命运。所以，各位读者务必牢记：营销是一场持久战，我们要持续地影响消费者，需要左右脑同时进攻，才能确保企业一步一个脚印走向胜利，一步一个脚印成为长红明星，而不是"15 分钟的网红"。

企业应该重视产品真相和品牌真相的同步建设，两手都要抓，两手都要硬。

03／左右脑互搏的段永平

"我们最关注的是用户的体验和如何改进的方法，我们追求的是如何能给消费者提供有用且他们喜欢的东西。"—— 段永平

OPPO 从早期的"音乐手机"到今天最受年轻消费者喜欢的"前后 2 000 万""超强夜拍"；从早期的"韩风"到今天"维密御用摄影师专用拍摄手机"。每一次，OPPO 紧紧抓住消费者冲突，左冲右突，从左脑到右脑一次次解决了年轻消费者的核心冲突。

进攻左脑

当手机的功能越来越多，手机使用时间越来越长，新的冲突产生了：年轻人不喜欢加厚手机电池（这样会令手机变丑，时尚的手机必须能塞进女生的贴身牛仔裤口袋里），又不想缩短手机使用时间。

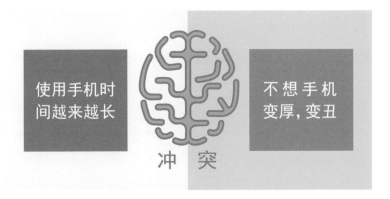

于是，OPPO 发明了闪充技术，快速进攻了消费者的左脑，解决了消费者的冲突。

而当冲突升级，拍照成为手机的主要功能时，OPPO 又细腻地洞察到女性消费者关于拍照的新冲突。

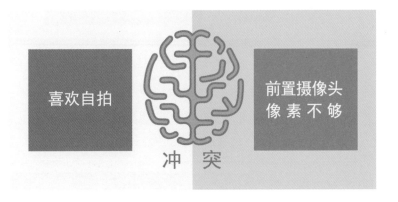

对于 OPPO 的核心消费群体而言，女生自拍的照片数量远远大于其他照片总和，女生的自恋情绪通过无时无刻的自拍得到了极大满足。但一般手机的前后摄像头的设计却无法满足女生自拍更美的需求，OPPO 创新了"前后2 000 万，拍照更清晰"的产品真相，进攻女生的左脑，解决了这个冲突。

进攻右脑

在段永平看来，OPPO 能赢，首先是赢在其英雄产品战略；其次就是和年轻人持续的沟通。

在当时，OPPO 洞察到他们的重度消费人群——那些年轻的女孩子，她们更喜欢国外的流行文化，对于她们而言，国产手机的质量再好，也没有苹果，三星，诺基亚用起来有面子。

OPPO 为了解决这个冲突，选择用英文名做品牌，借助国际大明星，让消费者的右脑产生了"洋品牌"的错觉和心理暗示，解决了消费者"社交价值"上的冲突感。

为了进攻右脑，OPPO 不惜重金"攻占"各大卫视，聘请当红小生代言，就是希望能让消费者感受到 OPPO 代表"年轻"，是年轻人的"大 V"。

OPPO 始终和最热的综艺节目"捆绑"在一起

和年轻人最喜欢的明星在一起

和年轻人玩在一起，跨界出口红，出限量版服装

段永平总说 OPPO 患有"市场恐惧症"，需要反复研究消费者冲突需求，搞清楚进攻的方向和沟通的方式。就如同周伯通的左右互搏一样，左右脑交替进攻，才有了今天 OPPO 攻下近 2 亿年轻用户，成为全球第四大智能手机厂商的成就。

伴随着消费者的年轻化，消费需求的升级，消费者已经越来越没有耐心。

解决年轻人的冲突，我们要同时发挥左右脑的作用。

进攻左脑，靠产品真相；

进攻右脑，靠品牌真相。

但真正征服消费者则需要左右脑同时进攻，用产品真相征服消费者的左脑，让他们离不开产品；用品牌真相征服消费者的右脑，让他们爱上品牌。

04 / 你是左脑营销者还是右脑营销者

进攻左脑解决冲突，靠产品真相（性能、包装、价格等），是物质及技术的竞争；产品真相是解决消费者冲突的具体解决方案，而不仅仅是产品力的描述。

进攻右脑解决冲突，靠品牌真相（心理感受、价值共鸣，以及品牌的附加值等），是精神及心理的竞争；品牌真相是解决消费者冲突的具体沟通方案，而不仅仅是品牌形象的输出。

对于营销人员而言，也分两种倾向性：

擅长左脑理性营销的，靠产品真相；

擅长右脑感性营销的，靠品牌真相。

根据进攻左右脑不同的方式，Marketo 还罗列了两类营销者在同类媒体的不同营销方式。

- 电视营销：产品功能 VS 故事元素

左脑营销者：广告一般会从实用的角度来描述产品或服务，比如你能从中获得什么？你为什么需要它？为什么其他公司做不到相同的产品或服务？广告着重于产品服务的展现，而非演员的表现，会用多个镜头来展示产品的使用，并且使用过的顾客会现身说法来推荐产品。

右脑营销者：广告结构像一个短故事，用情节串联起高潮和结局，并将品牌融入其中。广告会通过使用搞笑桥段和惊喜元素来尽可能地使观众记住其内容。

- 杂志营销：链接追踪 VS 视觉效应

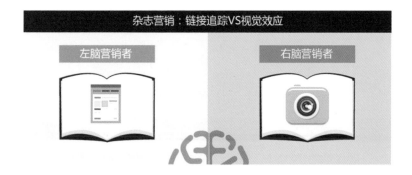

左脑营销者：通常会在广告中植入网站链接，以便能追踪出版后的销量变化，衡量投资回报率。

右脑营销者：广告会以插页的形式展现，用夺人眼球的照片和华丽的语言来捕捉读者的视线。广告是为了营造浪漫氛围，而不是让读者讨论产品的实用性。

- 户外营销：省钱 VS 奢华

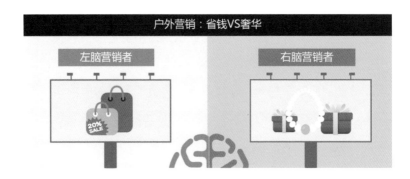

左脑营销者：户外大牌着重向消费者展示，现在购买产品能省多少钱。

右脑营销者：用吸引眼球的数字广告牌向消费者展示，品牌能提供的奢华生活方式。

- 网络营销：精准直销 VS 社会化营销

左脑营销者：通过流量分析软件进行精准投放，用直销来扩大活动影响力。

右脑营销者：通过大范围个性化的社会化营销活动来推广品牌知名度。利用 YouTube、Facebook、Twitter 等渠道来鼓励用户对话。

● **对于营销的理解：金钱 VS 艺术**

左脑营销者：营销能带来利润。衡量营销活动成功与否的最好方法就是其对于收入的影响。

右脑营销者：营销是一种艺术，而不是科学。它的影响要通过品牌忠诚度和品牌感知来衡量。营销并不能以数字来衡量。

左脑营销者和右脑营销者都有机会杀出一条通往消费者需求的血路，前提是我们必须判断清楚是左脑进攻更快，还是右脑进攻更好，才能找到一条更佳的捷径，赢得先机。但在有些时候，还是应该同时进攻左右脑，只不过有所侧重。

叶茂中这厮建议各位读者：

* 进攻左脑解决冲突，靠产品真相；
* 进攻右脑解决冲突，靠品牌真相。
* 如果您是一位左脑营销者，建议您找一位右脑营销者做搭档；
* 如果您是一位右脑营销者，建议您找一位左脑营销者做搭档；
* 如果您是左右脑都擅长的营销者，那么恭喜您，您就是可左右手互搏的"武林奇才周伯通"！

第九章

制造冲突的路径一：
以消费者为中心切入

制造消费者冲突。
必须打破消费者预期值，在他们的意料之外；
必须符合消费者接受度，在他们的情理之中。

第九章 制造冲突的路径一：
以消费者为中心切入

制造消费者冲突。

必须打破消费者预期值，在他们的意料之外；

必须符合消费者接受度，在他们的情理之中。

01/ 以"三个中心"切入，找到制造冲突的入口

以消费者为中心，制造消费者心理冲突；

以竞争对手为中心，制造和竞争对手的冲突；

以自我为中心，制造自我的冲突。

本章和诸位读者先讨论：如何制造消费者心理冲突。

02/ 要么给消费者一个惊叹号，要么给消费者一个问号

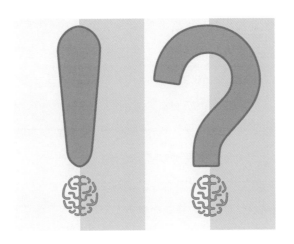

消费者不喜欢广告。

　　广告对大多数消费者而言，是一种信息干扰。消费者会对广告产生一种心理抗拒，产生"广告回避"现象。如果条件允许，消费者都会用广告屏蔽软件把推送给他们的广告统统关掉；或者在广告时间，上个厕所。

　　消费者喜欢什么？

　　电影、电视剧、综艺、比赛……

　　为什么？

　　因为它们，充满了戏剧的冲突感！

　　"启、承、转、合"环环紧扣的冲突设计；

　　人与人之间的冲突，比如《罗密欧与朱丽叶》；

　　人物内心的冲突，比如《复仇者联盟》《基督山伯爵》；

　　人物与环境的冲突，比如《纸牌屋》《三块广告牌》。

　　每一次冲突的较量都构成了"一场戏"，让人看得入迷，看得怀疑人生。

如果剧情缺少冲突，对观众来说就像是麻杆打老虎——不痛不痒，只有当剧情的冲突开始激化，观众大脑的活跃度才会提高，注意力才会集中。

如果没有冲突的设计，戏剧就如同白开水般的人生，没准消费者会觉得还不如广告精彩。所以广告不妨向戏剧学习制造冲突的方法：通过戏剧化的冲突设计，制造消费者的心理冲突，有技巧地进攻他们的左右脑。

制造消费者心理冲突，有两种途径：

- 制造一个惊叹号——意料之外，情理之中；
- 制造一个问号——引发好奇和反思。

03 / 制造一个惊叹号：ROM 巧克力制造消费者心理冲突

ROM 从 1964 年开始便成为当地最受欢迎的零食，但现在罗马尼亚的年轻人们似乎对它越来越不感冒，反而更加偏爱进口食品，导致 ROM 巧克力销量一路下滑。

制造心理冲突：ROM 巧克力将原本罗马尼亚国旗包装换成了美国星条旗包装，在超市等公共场合大规模推广新包装，特别是户外广告中强调：爱国情绪并不能满足你，来试试这款新包装的巧克力棒吧。

　　把罗马尼亚的国旗改为美国国旗——制造了强烈的心理冲突，在罗马尼亚人民心中投下了一个巨大的"惊叹号"，激发了人们的爱国情结，人们纷纷谴责这种"崇洋媚外"的做法，他们甚至示威游行，要求赶紧把包装改回来。

　　超过 67% 的罗马尼亚民众参与讨论，风波过后，包装被换了回去，电视台甚至专门为此录制节目欢迎其回归。

　　这次活动触发了消费者对 ROM 的再度热爱，让 ROM 巧克力重回销量冠军的位置，再一次成为罗马尼亚的"国民巧克力"。

04／ 制造意料之外、情理之中的冲突感

中国有句老话说：富贵险中求！要制造消费者心理的冲突，也是险中求胜的方法，要胆大心细，出奇制胜，就像乔治·路易斯（George Lois）所说："我们是被雇来唤醒消费者，而非麻醉消费者的。小心，是创意最大的敌人！"

要唤醒消费者，激发他们立即采取行动，必须制造"意料之外"的冲突感。

消费者对外界的感知分为三层：

- 最里面一层：舒适区，是熟悉的事物；
- 最外面一层：恐慌区，是陌生的事物；
- 中间的一层：学习区，最利于接受新事物，改变老事物。

我们应该在"熟悉和陌生之间"制造一个冲突点，就像MAYA（Most Advanced Yet Acceptable）原则：设计可以特别大胆，但观众必须理解；制造冲突，也必须在消费者的"情理之中"，才不至于让他们恐慌和拒绝。所以，乔布斯始终把消费者当作"科技的小白"，才能让最新的科技最快被人们接受和理解。

　　2007 年乔布斯在发布第一款 iPhone 的时候，并没有宣布智能手机横空出世了，而是在观众的"意料之内"，层层推荐了三个产品：第一款是触控式宽屏幕 iPod，第二款是革命性的移动电话，第三款是突破性的网络通信设备。随后他又将这三款产品重复了一遍，"iPod、移动电话、网络通信设备"，最后，他宣布"你们听出来了吗？这些不是三个不同的设备，这是一个完整的产品，我们把它命名为 iPhone"，台下爆发了疯狂的掌声。

　　制造一个惊叹号必须打破消费者预期值，在他们的意料之外；

　　制造一个惊叹号必须符合消费者接受度，在他们的情理之中。

05 / 制造一个问号：
马蜂窝制造消费者心理冲突

　　凯文·凯利在《必然》中告诉我们：问题比答案更重要。

　　利用"问题"，能更快速地激发消费者的参与感，就像美国总统肯尼迪在就职演说中，号召全美国人民问自己一个问题："不要问这个国家能为你做什么，而要问你能为国家做些什么？"这样一个简单的问题，激励了整整一代美国人，让人们重新思考自己的人生观、价值观，变得更加乐于奉献，而非索取，让社会发展得更好。

利用"问题"，能更有效地刺激消费者产生好奇，主动搜寻解决冲突的方法。甚至，你越是不给他们答案，他们越会主动寻找答案，就像马蜂窝制造的冲突。

马蜂窝就是通过"制造问题"的方式，制造消费者心理冲突，在 2018 年世界杯这个巨大的流量池中，砸出了巨大的水花——世界杯期间，马蜂窝移动端指数增长了 316%，远远拉开竞争对手。

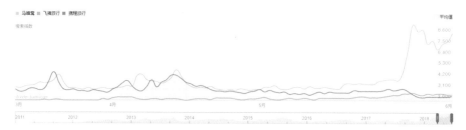

马蜂窝原名为"蚂蜂窝，自由行"，被叶茂中冲突战略改为"马蜂窝，旅游网"。把"蚂"改成"马"，避免产生歧义。

把"自由行"改为"旅游网"，就是去除"自我设限"的定位，战略扩容升级——马蜂窝的核心竞争力是旅游攻略和游记，按照常规的定位理论，自然会把马蜂窝定位在狭窄的"自由行"赛道上。但叶茂中冲突战略认为马蜂窝不需要狭窄定位，小池塘是养不出大鱼的。自由行的细分定位，就如在线旅游市场的小池塘，极大地制约了马蜂窝的发展空间。要打破自己的定位，把自己发展为一个大旅游平台，才不会错过战略扩张的机会。

但在"旅游网"的赛道上，我们如何挑战携程这样的巨头呢？

只有制造冲突，才能改变赛道，重构市场。

在第一次战略会上，叶茂中这厮讲了一个故事：在一个胡同里有几家商店，其中一家商店挂出了一句标语：中国第一。旁边那家店就不干了，也挂出了一句标语：世界第一。那第三家店怎么办？

全宇宙第一？

第三家店挂出了标语：本胡同第一！

线上旅游就像这条胡同，客人进了胡同还没看到马蜂窝之前，生意就被前面的店抢走了。马蜂窝作为旅游出行的后来者，必须跑到胡同口去设置一道关卡。所以，我们诉求"旅游之前，先上马蜂窝"，在消费者进胡同之前，就被马蜂窝拦截了。这样一来，我们就能在强敌林立的旅游市场，占据流量的入口，不管对手诉求什么，用户都会先来马蜂窝瞅一眼。然后，消费者马上就会好奇地问：旅游之前为什么要先上马蜂窝呢？

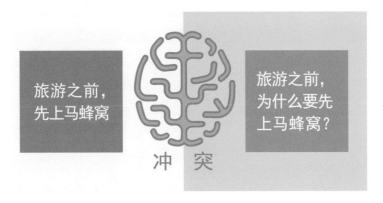

在马蜂窝广告里，黄轩说：旅游之前，先上马蜂窝。

唐僧三次替消费者问：为什么要先上马蜂窝？

黄轩却始终不回答。

这就好像甲乙两个同学走进教室，甲告诉乙：刚才班长说你……

乙听了立马就会很紧张地问："班长说我什么？"

"下课再告诉你……"

甲越不说，乙越想知道。实在忍不住了，乙只能下课自己去找班长；就像消费者想知道"为什么要先上马蜂窝？"，就会自己去下一个App。

制造消费者心理冲突，就是激发消费者的好奇心，不停地刺激他们思考：到底是为什么呢？为什么呢？直到他们主动寻找答案，下载App。这样的制造冲突，在世界杯分秒黄金的传播环境下，更为有效。

世界杯期间，马蜂窝下载量迅速上升，从6月23日开始霸占苹果App Store热门搜索第一。蝉大师数据显示，马蜂窝在旅游类中除打车类软件位于下载排行榜第一，超越了携程和飞猪，可见制造消费者心理冲突的效果是显著的。

马蜂窝制造了消费者心理冲突，在网上引发了各种热议，甚至于宗教人士提出了抗议，认为广告中的唐僧有损宗教的形象。于是，中央电视台不得已让马蜂窝"今天晚上就要把广告里的唐僧去掉"。

面对这个突如其来的"冲突"，我们越加确信通过制造冲突所引发的效应和带给品牌的价值是巨大的，由此更加坚定了"冲突"一旦开始，就不能停。"去唐僧"势在必行，我们反而应该利用这个"冲突"，为马蜂窝制造下一波热点，继续扩大"冲突"，把危机变为冲突的新机会。

第一部：马蜂窝广告去旅游了！

唐僧的形象不能用，但广告的核心诉求不能变，如何让"唐僧不见了"，能变成意料之外情理之中的事？我们需要制造一个小小的悬念："马蜂窝广告去旅游了，明天回来"。博君一笑的同时，也勾起了一些观众的好奇心：明天回来的马蜂窝会变成什么样呢？

马蜂窝广告也去旅游了，不仅再一次强化了马蜂窝的产品诉求，更为"唐僧去旅游了"埋下了伏笔，为"唐僧不见了"做了创意性的铺垫。

而这波广告让原先吐槽的网友们纷纷改口：可爱、创意、好萌。

　　就在大家以为马蜂窝广告被撤下的时候，马蜂窝广告继续制造冲突，创造下一波冲突式传播的高潮。

第二部：唐僧也去旅游了！

　　"只闻其声，不见其人"——我们保留了唐僧的声音，但"人呢？"

　　"旅游去了！"

　　消费者即使看不见唐僧，但唐僧的三连问："为什么要先上马蜂窝？"也会让消费者立刻联想到他。

第三部：唐僧去俄罗斯看球了！

　　唐僧去哪了？

　　很多网友在俄罗斯的大街上和赛场上，找到了唐僧的身影！

这下又引发了新一轮的热议：太精彩了！

甚至有人说这开启了中国广告行为艺术的新纪元。

依托于"唐僧"这个载体，马蜂窝叠加了线上和线下的传播效果，构建了一次完整的线上线下交互式的行为广告：当人们在俄罗斯的赛场上看见唐僧的时候，第一反应就是——唐僧真的去俄罗斯旅游了！广告里消失的唐僧，原来真的去旅游了。这种戏剧感和冲突感就是：意料之外，情理之中！用行为广告的方式，巧妙地解决了消费者的心理冲突，又利用戏剧化的冲突设计，加深了消费者对"旅游之前，先上马蜂窝"的认知。

06 / 只有推翻老的、旧的、差的，才有新机会

"道理我们都懂，却依然过不好这一生。"

为什么过不好这一生？

一定是这些道理出了问题！

制造消费者心理冲突的目的就是要让消费者对原本的固有认知产生怀疑。

尤其在消费升级的大势下，面对更具有怀疑精神的年轻人，制造心理冲突，首先要让他们对旧的、传统的方式产生怀疑。

当"饿了么"可以快速把一杯现泡手冲奶茶，送到我的办公桌前的时候，我为什么还要忍受杯装奶茶呢？

当"盒马"可以帮我现场处理好龙虾大餐，葱姜、麻辣、十三香等调料随便选时，我为什么还要自己去海鲜市场，忍受那里的脏乱差和缺斤少两呢？

当钱大妈打出"不卖隔夜肉"的产品真相时，我们就会开始怀疑自己以前吃的都是什么肉？

"新鲜"是消费者在挑选肉时的一个行为标准，但是在钱大妈之前，人们似乎都未曾想过"新鲜的标准"究竟是什么？

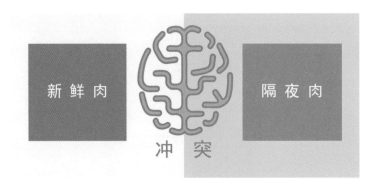

当钱大妈提出"不卖隔夜肉"之后，立即引出了消费者疑问，自己以前吃的是不是隔夜肉啊？会不会影响健康啊？

问号一旦出现，消费者心理的冲突就必须被解决，钱大妈的产品自然成为最好的解决冲突的产品。

叶茂中冲突战略为法兰琳卡面膜策划时，也制造了消费者的心理冲突——"不加一滴水的面膜"。消费者看了之后脑海中立即冒出一个问号：以前的面膜是不是都是加水的？

"不加水"成为法兰琳卡的突破点，2018 年，仅仅在屈臣氏渠道的销售增速就达 59%，天猫官方旗舰店销售增速更达到了 103%。

爱因斯坦曾说："常识"就是人到 18 岁为止，所累积的各种偏见。

各位读者，在制造消费者心理冲突的过程中，我们需要挑战这些偏见，打破消费者的"习以为常"，让他们产生"懂了那么多道理，却依然过不好这一生，是不是这些道理都错了"的心理暗示。产生怀疑，给消费者一个问号，就是成功制造心理冲突的开始，因为只有推翻老的、旧的、乱的、差的……我们才有新机会。

07 / 努力寻找上游地带

IBM 的人工智能"沃森",在《危险边缘》中战胜了人类冠军,IBM 宣告靠"知识量取胜"和"解决既有问题"已经不再是人类该努力的课题,人类应该更积极地往上探索,寻找那些"未知"领域。

发现并定义没人意识到的新问题,被称为"上游地带"。

制造消费者心理冲突,其实就是要求我们努力寻找上游地带,通过制造冲突,创造新的需求,重构我们的市场;我们要在消费者心中投掷下问号和惊叹号,让他们不再满足于过去的经验和常识,更要给消费者赋能,让他们敢于尝试,勇于改变,能够立刻采取行动。

各位读者,当河流之下皆为渔网时,我们需要有逆流而上的勇气和胆识,站在险峻的上游,制造消费者心理冲突,才是重构市场新的开始;从下游的解决冲突到上游的制造冲突,更加需要我们发挥想象力和创造力,才能根本性地利用冲突。

马蜂窝 CEO 陈罡的一封信

马蜂窝 CEO 陈罡的一封信，讲了他和叶茂中冲突的缘起，附信全文如下。

"公务出差在飞机上偶尔翻杂志，能看到这位永远戴着帽子的中年男人，帽子上有一颗燃烧着的红五星，叶茂中的标志性符号。商务人士对叶茂中应该都不陌生，航站楼附近的路牌、机场书店、机舱杂志，叶茂中的经典剪影形象总是能捕捉到他意图中的精准人群。我也听过很多叶茂中的经典案例，尤其是从真功夫到赶集网，确实让人过目难忘。

不过，作为新一代创业者，我很早就暗下决心，当蚂蜂窝要做推广的时候，一定要做一个顶级的、超有创意的广告。要一夜间，大街小巷都在谈论我们的品牌和产品。因为我们是以数据为核心竞争力的新一代在线旅游服务商，主流用户也是新一代的80、90后年轻旅行者，所以我觉得之前的那些营销'大神'和各种案例都太老，他们已经过时了！

蚂蜂窝从旅游社区，到旅游攻略/大数据、自由行交易平台经过了七年的时间，经历了三轮跨越式的发展。走到2017年下半年的时候，我们认为已经到了一个市场临界点，蚂蜂窝到了呼之欲出的状态。我们的'内容＋交易'的商业模式已经得到验证，2017年每月超过6 000万的旅游用户会使用我们的服务，到年中已经完成了数十亿的交易规模，剑指百亿大关，这些都推动着蚂蜂窝走向一个更广阔的发展新阶段。所以，我们开始向全国征集最有创意的广告。

三个月之内，我去了十余次上海，频繁接触那些声名显赫的战略咨询公司及广告策划人，却迟迟没有做出选择。要么是他们对蚂蜂窝品牌的理解有偏差，要么是对在线旅游行业不熟悉，要么是彼此之间难以建立信任。在年底的某一天，我与蚂蜂窝 A 轮的投资人——今日资本的徐新在电话里讨论公司阶段性方向时，听我提起最近市场投放的困惑，她快言快语地打断：为何不试试叶茂中?

实话说，虽然是重要投资人的强烈建议，但是最开始我没抱什么期望。因为直觉上，我认为老叶已经老了，跟不上移动互联网疯狂的节奏，无法把握年轻的用户需求，但是既然'投资女王'强烈推荐，那我也只能'勉为其难'应付一下了。

经徐新牵线，我和公司市场部副总裁陈海在上海桃江路38号的深宅大院里和叶茂中见面了。和我预想的差不多，一个老中医似的人，身型健硕，戴着标志性黑底红五星棒球帽，不咸不淡地寒暄。

聊天到中途的时候，'老中医'冷不丁地问我一句：'你敢不敢把蚂蜂窝的名字改了？'犹如一道闪电划破黑夜，让我大吃一惊。

蚂蜂窝是旅游社区起家的，社区是有文化DNA的，小众人群往往是因为差异化、独特性才能吸引高质量用户进而形成社区，但是从一个小众的社区走向一个通用大众的旅游平台，无数的供应商合作伙伴都无法写对我们的品牌名，只有我们的社区用户明白这种蚂蚁蜜蜂分享协作的精神密码，更别说我要向外国人解释'Ant and Bee'的故事了。这个'蚂'一直是我心中的纠结，顿时，我觉得叶茂中这厮有料！临走时他送给我一本他的新书《冲突》。

读完《冲突》，我便中了'叶毒'，后来他来北京，我们秉烛长谈，共同为蚂蜂窝开了三剂药方：其一，将'蚂蜂窝'更名为'马蜂窝'；其二，将'蚂蜂窝自由行'升级为'马蜂窝旅游网'；其三，在广告创意上，制造一次'冲突'。当天夜里1点，我离开他下榻的宾馆，更名和升级两件事我已成竹在胸，但关于制造一次'冲突'，我依然惶惑。

很快，品牌更名和升级工作完成，虽然在公司内引起一些老员工情感上的波动和起伏，但我相信，这是正确的方向。在等待叶茂中怀揣核心创意来北京的日子里，我把《冲突》又完整地看了一遍，对他在'真功夫'等成功广告案例中'利用冲突并制造冲突'的能力也有了新的认知。他提醒我：一定要和消费者习惯、偏好等发生关联，不要做不痛不痒的事情，一定要让消费者的小心脏'漏跳一拍'。

之后我约了赶集网、瓜子二手车创始人杨浩涌，向他请教广告投放的方法，杨浩涌倾囊相授，还说他之前从叶茂中身上获益匪浅。在一篇文章中，杨浩涌说感觉这家伙（叶茂中）的神经连接和一般人不一样，有'shortcut'（近道），聊着聊着创意就出来了，永远不会让你失望。当然，这样的'近道'来自于几十年的职业素养、极高的标准和不断地突破自己。用叶茂中自己的话来说就是：'没有好创意就去死吧'。

到了约定的最后期限，叶茂中带着他的团队来到北京，只给了我一个营销创意。那句广告语缓缓从他嘴里吐了出来：'旅游之前，先上马蜂窝！'沉默了一会儿，他说这是在制造一种心理冲突，可意会不可言传……

无须解释太多，我心里突然像打开了一扇窗，这不仅仅是一句广告语，也暗合了我们的战略诉求，因为'内容＋交易'的特殊基因，马蜂窝本就应该成为在线旅游最大的流量入口——旅游之前，就要先上马蜂窝！

几天后，我们迅速签下知名演员黄轩。在世界杯期间，由黄轩代言的马蜂窝广告成为世界杯期间大家印象最深刻的广告。'旅游之前，先上马蜂窝'，一时成为下至黄髫小儿、上至白发老翁的朗朗口头禅。

在制作广告TVC的时候，在结尾有个'嗡嗡嗡'的声音特效，我和徐新都觉得似乎不够理想，根据报批央视的时间表，最后只剩半天的时间，叶大师为了优化最后的瑕疵，迅速调集资源赶制了10多个声音小样，有尖锐的、有轻柔的、有自然的、也有夸张的……最终我们一起确定了一个小孩天真可爱的版本，单是看这个对小细节吹毛求疵的功夫，我就真心佩服叶大师的匠心和执着！

叶茂中比我年长，我曾经怀疑，一位成长于20世纪八九十年代的广告人，能理解移动互联网的精髓吗？能体察90后甚至95后年轻一代消费族群的生活行为和方式吗？

　　我后来意识到，生意的本质是共通的，线上线下并无二致，人性亦不分代际，叶茂中深谙其中之道，洞察消费者需求正是其看家本事，这自然也是大多数合作伙伴对一位优秀广告人的理解。但于我，叶茂中不仅仅是一位优秀的广告人，还是一位优秀的战略咨询师，从他的'冲突'理论里，我领悟到营销的境界：优秀的企业满足人的需求，伟大的企业满足人的欲望。

　　世界杯期间，这个'旅游之前为什么要先上马蜂窝'的广告为马蜂窝带来了实实在在的增长数据。马蜂窝移动端指数增长了316%，连续霸占苹果App Store热门搜索第一；马蜂窝在旅游类排行中，排除打车类软件，居下载排行榜第一，超越了携程和飞猪。

　　感谢叶大师为马蜂窝旅游网制定的冲突战略，并打造了一个顶级的广告创意，同时也感谢徐新的极力推荐，感谢杨浩涌的倾囊相授，感谢海哥和团队的超强执行！"

马蜂窝旅游网创始人兼CEO　陈罡

第十章

制造冲突的路径二：
以竞争对手为中心切入

凡是敌人支持的，我们都反对；
凡是敌人反对的，我们都支持。

第十章 制造冲突的路径二： 以竞争对手为中心切入

凡是敌人支持的，我们都反对；
凡是敌人反对的，我们都支持。

01/ 制造对手， 就是制造机会

《五角大楼的新地图：21世纪的战争与和平》一书中写道：五角大楼里长年贴着一个寻人启事。

请问，谁是美国的下一个对手？

美国战略学者戴维·罗特科普夫（Davicl Rothkopf）表示："美国一直在不屈不挠地制造对手。美国从内心深处需要对手——政客们喜欢对手，因为敲打对手有助于煽动公众的情绪，将他们的注意力从国内问题上转移开；国防工业喜欢对手，因为这能帮助他们赚钱；学者们喜欢对手，因为对手让他们的出版物畅销……"

要成就一家伟大的企业，也要为自己制造伟大的对手。在这个时代，英雄也是靠敌人荣耀其身的，如果敌人不够多、不够强，英雄也无法成为传奇；

企业想要创造成就，就必须找到够大够强的敌人，共同开创一个世人瞩目的战场，共同创造一个令世人难忘的传奇。

对手越强，就意味着冲突越大、机会越大。

02／谁是你的对手，找那个最能打的出来

这不仅是踢馆的秘诀，也是制造对手的最大化原则。

游击营销之父杰伊·康拉德·莱文森（Jay Conrad Levinson）告诉我们：你的对手扮演的角色就是迫使你变得更好。

姚明的对手是奥尼尔；

孙杨的对手是菲尔普斯；

刘翔的对手是阿兰·约翰逊；

……

即便当下我们的品牌还不够强大，但也要怀抱着"凤凰上击九千里，绝云霓，负苍天，足乱浮云，翱翔乎杳冥之上"这种睥睨天下的志向，把最厉害的"偶像"制造成"伟大的对手"，才能利用对手，创造自己的伟大。

真功夫制造的对手是麦当劳和肯德基

真功夫原名"双种子"。1994 年第一家"双种子"在东莞诞生，随着"双种子"迅速壮大，他们决定走出东莞，先后开拓广州、深圳市场，然而问题也在这时出现了。同样的产品、同样的管理，更贵的房租、更大的人流量，双种子怎么一到广州、深圳就出现店面"慢热"、过往人群多、进店人数却少、营业额始终徘徊不前的现象，同时让他们费解的是"双种子"和麦当劳、肯德基同样品质甚至更好的西式餐点，以更低的价格销售反而不被接受。

于是，他们找到了叶茂中冲突战略。深入研究后，决定通过制造和竞争对手的冲突，利用麦当劳和肯德基，为真功夫创造机会。

麦当劳和肯德基这类的西式快餐本身的冲突在哪里？

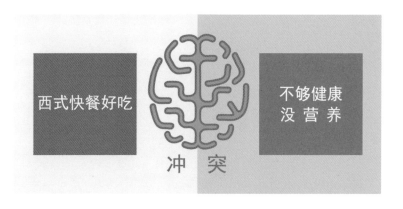

利用西式快餐和健康的冲突，我们该如何进攻消费者的左右脑呢？

进攻左脑

砍掉薯条、鸡翅等西式类油炸食品，强化中式的、蒸的、营养的核心价值。创作了"营养还是蒸的好"的产品真相。

比竞争对手贵一元：过去双种子的客单价是 12 元，它的竞争对手麦当劳是 19 元，所以我们那时候的定价原则就是：从现在开始，永远都比麦当劳贵1 元。我们是"有营养的快餐"，当然应该比"没营养的快餐"更贵。

进攻右脑

借势功夫文化——双种子的品牌名容易让人联想到"诚实""平易近人"的农民，这样的品牌名和形象是无法与肯德基的山德士上校以及麦当劳的麦当劳叔叔同场竞技的。

我们选择了中国的功夫文化为品牌赋能，把"双种子"改名为"真功夫"，选择小龙哥作为我们的符号，站在山德士上校和麦当劳叔叔的对立面，看上去谁更能打？

站在麦当劳和肯德基的对立面，形成了西式快餐和真功夫冲突格局。

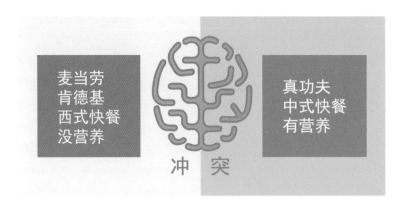

西式快餐是油炸的、没营养的；

真功夫是蒸的、有营养的。

真功夫制造的冲突，"打"得麦当劳、肯德基坐卧不安，乃至被后两者列入了"黑名单"。麦当劳、肯德基后来如果要和某一物业公司签订合约，往往会在合约里同时要求其不得将周边物业租给真功夫。

通过制造和竞争对手的冲突，真功夫迅速成为中国本土快餐的第一品牌。

03/ 凡是敌人支持的，我们都反对；
凡是敌人反对的，我们都支持

　　制造和竞争对手的冲突，就是完全站在他们的对立面，制造出消费者新的、相反的冲突需求。

　　必须反竞争对手之道而行。

　　他们诉求油炸好吃，我们就必须诉求营养还是蒸的好；

　　他们诉求大，我们就要提醒消费者"想想还是小的好"。

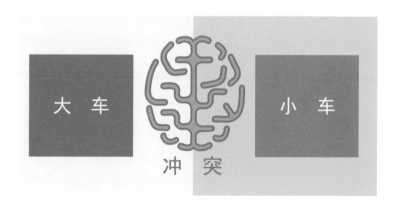

　　20 世纪 60 年代的美国汽车市场是大型车的天下，美国人在享受大车带来的宽敞和舒适之外，也承担了大车带来的高损耗、不环保。乔治·路易斯（George Lois）通过制造和大型车的冲突，创作出了"想想还是小的好"的产品真相，提醒消费者"小"的好处，让那些重视环保的消费者，选择"甲壳虫"。

各位读者还记得谷歌刚刚面世时，带给网民的震撼吗？

1995 年，在以雅虎为主流的网站页面上，布满了各种信息，新闻、体育、股票、社会、天气预报、电子邮件、拍卖活动，等等。雅虎几乎每天都会添加一项新功能，网民每天都能享受一种新服务。

但谷歌偏偏说"不"，他只提供了一个搜索按钮的输入框。

当雅虎给消费者一个花花世界，而谷歌选择给消费者一片净土。谷歌站在了竞争对手的对立面，制造"极多"和"极简"的冲突，把消费者引向了相反的方向，成为今天的主流。

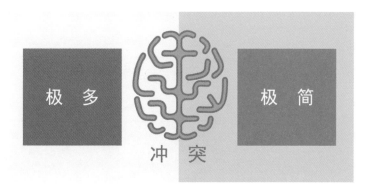

制造和竞争对手的冲突，不能只追求表面的"差异化"，而是要坚定的，以"ALL IN"的态度，站在竞争对手的对立面。凡是他们支持的，我们都反对；凡是他们反对的，我们都支持。

只有用这种极端的方式制造冲突，才能借力上位。尤其对那些刚起步的创业型企业，选择站在强大竞争对手的对立面，才能制造出心理暗示，让消费者把他们和竞争对手视为同等量级的参赛选手。

各位知道乔丹职业生涯的巅峰，受到哪些人的挑战最多吗？

不是米勒、马龙、巴克利、斯托克顿等人，而是那些刚入选的新秀。

为什么？

新秀即便无法做到"一战成名"，但若能和乔丹同场竞技，也能让自己的估值翻几倍。所以，每一次，乔丹都想都不想就拒绝了他们，乔丹告诉记者："我即使赢他一万次，你们都会觉得没什么了不起的，但只要他第一万零一次赢了我，'有个无名小卒打赢了乔丹'这条新闻你们就能报道一辈子，这笔交易对我而言一点都不划算。"

我们应该像"新秀"一样，利用"乔丹"上位，才能在他们大脑中投下问号和惊叹号。

"谁规定卫生纸一定是白色的？"

Renova 彩色卫生纸，制造了和传统白色卫生纸的冲突。

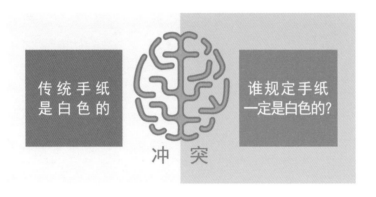

Renova 发布黑色系列卫生纸后，大受消费者的欢迎。他们每年不断推出新颜色的手纸，成为时尚圈也追捧的品牌（当然，他们的卷筒纸都是食品级的，不会掉色，非常环保），甚至 Renova 还被法国巴黎卢浮宫博物馆选择为指定用纸。

Renova 的广告语"谁规定卫生纸一定是白色的？"制造了彩色和白色卫生纸的冲突，创造了属于自己的成功。

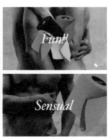

法兰琳卡制造了什么冲突

制造和竞争对手的冲突，利用竞争对手上位，对手可以是具体的品牌，也可以是对立的品类。

法兰琳卡作为一个自然护肤品牌，十年来一直不温不火。他们诉求更好的原材料，更好的工艺，甚至启用更厉害的代言人，似乎都无法吸引消费者的关注。

如何帮助法兰琳卡快速突围？

我们发现女性消费者在使用化学护肤品的时候，普遍会有一种心态：担心化学类成分会伤害自己的肌肤。我们是否可以利用消费者的担心？

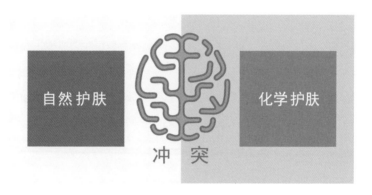

叶茂中冲突战略通过让法兰琳卡喊出：我们恨化学！制造了自然护肤和化学护肤之间的冲突。

"我们恨化学，

我们恨化学，

我们恨化学。

自然护肤，

法兰琳卡，

法兰琳卡，

十年专注自然护肤。"

为什么恨化学，恨化学什么，怎么理解不重要，因为一千个消费者有一千种担心。我们只需要利用消费者担心的心态和情绪，通过制造自然护肤和化学护肤的冲突，在消费者心中扔下一个惊叹号。

"恨化学"的冲突式广告，让模糊了十年的法兰琳卡品牌鲜明地出现在消费者的面前，而和专家们的"冲突"，更为法兰琳卡引来了额外的传播，节省了大量的传播费用。"恨化学"引发了中央电视台、东方卫视等全国主流媒体，主动传播有关于"恨化学"争论的新闻，而在互联网上引发的北大教授和清华教授等科学界的辩论也为法兰琳卡带来了更大范围的传播效果。

最关键的是，法兰琳卡通过"恨化学"，制造了自然护肤和化学护肤之间的冲突，帮助自己一举成为"非化学"赛道上的头部品牌。

04 / 在距离对手最近的地方，开炮

制造和竞争对手的冲突，最好就能像法兰琳卡一样，摩擦出火花，放大冲突的价值。所以，我们不仅要制造和对手之间的冲突，更要在距离对手最近的地方开炮。

2005 年 8 月 8 日，"快餐巨头"肯德基在全国 16 个城市同时发布："拒做传统洋快餐，全力打造新快餐"，就在肯德基喊出这个口号后，真功夫于 8 月底开始在候车亭打出醒目广告"营养快餐创导者真功夫，热烈欢迎肯德基加入营养快餐行列"，随后在全国所有餐厅外墙海报和餐牌上打出"真功夫欢迎传统洋快餐为中国而改变，关注营养"，并列举出传统洋快餐"七宗罪"和真功夫"蒸"的七大优点。

业内人士指出，这是洋快餐"横行"中国多年来，中式快餐首次与其正面交锋，至此土洋快餐大战的战火正式点燃。

苹果 XS 的发布会刚结束，华为的余承东就"宣战"了。

苹果 XS 在伦敦旗舰店的首发日，华为第一个跑去现场制造了冲突：华为为排队的"果粉"们免费送去了"不含苹

果,绝对持久的果汁"和"苹果手机一定用得上的充电宝"。

让听到炮火的人呼叫炮火,要不惧炮火,制造炮火。华为选择了在距离对手最近的地方开炮,制造和苹果之间的冲突,同时让"果粉"们也记住了华为的续航能力更强。

制造和竞争对手的冲突,需要我们有不怕冲突的勇气。选择伟大的对手,敢于"挑战常识,打破规律",主动拓宽消费者的"认知边界",甚至是改变专家的"路径依赖",才能在新赛道上,迎来疯狂的增长,创造巨大的成功。

- 制造对手,就是制造机会;
- 把最厉害的"偶像"制造成"伟大的对手",才能利用对手,创造自己的伟大。

第十一章

制造冲突的路径三：

以自我为中心切入

对自己残酷一点，世界就会对你好一点；

对自己好一点，世界就会对你残酷一点。

第十一章 制造冲突的路径三：
以自我为中心切入

对自己残酷一点，世界就会对你好一点；
对自己好一点，世界就会对你残酷一点。

01/ 与其被别人革了命，
还不如自己革自己的命

比尔盖茨说过："微软离破产永远只有 18 个月。"

乔布斯曾经告诉库克："不自我吞噬，早晚被别人吞噬。"

阿里巴巴每年会有一个战略的研讨会，研究阿里巴巴会被什么推翻，被什么颠覆？

王兴说："我不太担心现有的竞争对手，如果要革命，我希望是自己革自己的命。我始终战战兢兢，如履薄冰。"

......

岁月极美，在于它必然的流逝。任何一个伟大的产品，都有由盛及衰的必然规律。尤其在今天，产品的生命周期大大缩短，你不主动革自己的命，为产品赋能续命，就只能被时代革了命。

在消费浪潮中，若不想被后浪拍死在沙滩上，企业家更需要具备"置之死地而后生"的心理预设，后浪不仅是指竞争对手，更是消费者冲突需求的浪潮——当消费者的浪头高过一切时，你不主动革自己的命，就只能被消费者革了命！

这是一个产品和品类速朽的时代。

保持对消费者冲突升级的敏感度，是企业制造自我的冲突的前提：

当消费者的核心冲突升级时，企业就必须迭代产品，提供更好的解决方案。

当消费者的核心冲突被别的冲突取代，不再重要的时候，企业也必须具备否定"旧我"，制造"新我"的决心和胆量。只有革自己的命，才不会被时代淘汰。

02／选择显微镜式还是望远镜式

企业制造自我的冲突，可以从纵向和横向两个方向进行。

● 显微镜式：从纵向制造自我的冲突，就像看显微镜，需要不断深挖消费者冲突，持续迭代创新，在产品价值上追求极致。

● 望远镜式：从横向制造自我的冲突，就像看望远镜，看得更远，看得更全面；不仅要看到当前的冲突，更要看到未来的冲突，提前规划产品矩阵。

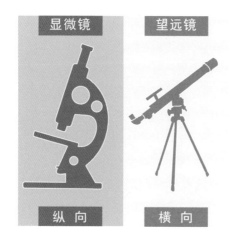

无论是显微镜式还是望远镜式，企业制造自我的冲突的目的只有一个，就是"与其被别人革了命，还不如自己革自己的命"。对于一家优秀的企业而言，应该同时具备显微镜式和望远镜式的战略思考能力。

柯达死了，富士却蓬勃发展

智能相机的普及，使得胶卷市场迅速萎缩，2010年，全球对摄影胶片的需求下降至不到十年前的1/10。

柯达破产之前，其生产的胶卷无疑是世界上最好的胶卷，但柯达还是破产了。就像《三体》里面说的"消灭你，和你无关"。

而富士胶片利用显微镜式和望远镜式思考，从纵向和横向两个方向，主动制造自我冲突，避免了一场灾难。

显微镜式：放弃胶卷作为富士的"摇钱树"。基于胶片的核心技术，重新洞察冲突需求，扩大产品边界，为产品找到新的应用场景，成为电视、电脑和智能手机制作 LCD 面板的高性能胶片。如今，FUJITAC 占有 70% 的保护性 LCD 偏光胶片市场。

望远镜式：大开脑洞，把富士胶片在 70 余年的胶片开发生产过程中，积累的有关胶原蛋白和纳米产品开发的尖端技术，运用在抗衰老的美容产品上，在 2007 年推出 Astalift 的化妆品系列，主打胶原蛋白，抗老化。

如今，Astalift 是 Cosme 大赏的常客，深受爱美人士的欢迎。

正如富士胶片总裁所说："巅峰背后总是隐藏着一个危险的山谷，我们要主动避开低谷。"胶卷市场还在巅峰期，富士就开始制造自我冲突，纵横突围。而当 2010 年胶卷市场萎缩至不到原先 10% 的市场时，曾经 60% 的销售额来自胶卷的富士胶片却没有身处"危险的低谷"，收入反而增长了 57%，而柯达的销售额则下降了 48%。

企业制造自我的冲突，可以从两个维度来看：

- *产品迭代：从纵向给出更好、更极致的冲突解决方案；*
- *产品矩阵：从横向给出更新、更意料之外的冲突解决方案。*

各位读者，无论是显微镜式还是望远镜式制造企业自我的冲突，都必须围绕"消费者冲突需求"展开，而非机械地以产品和品类为思考点，就像柯达始终追求做全世界最好的胶卷，却忽视了消费者的冲突已经不在胶卷上了。相反，如果消费者的冲突可以升级扩容，就可以把原本次要冲突升级为主要冲突，进行产品创新，就像我们策划九阳时那样。

03 / 显微镜式：纵向制造自我的冲突，给消费者一个更好的"我"

叶茂中冲突战略建议九阳采用"显微镜式"制造自我冲突，主动升级解决消费者冲突的方案，完成产品的迭代和创新，持续地霸占豆浆机和破壁机赛道的头部位置。

用显微镜观察： 我们洞察到消费者使用破壁机时的一个冲突：一开破壁机，家里就像有一个装修队，电机轰鸣声让消费者不胜其烦。

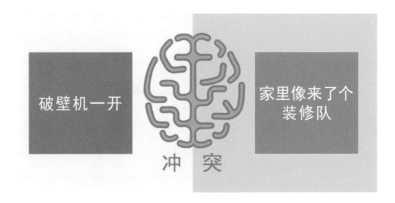

九阳推出中国首款静音破壁机解决了这个冲突。

但我们并没有止步于此，继续用"显微镜"深挖消费者冲突，又洞察到消费者"喜欢在家自己做豆浆及其他饮料，但清洗机器过于麻烦"的冲突。

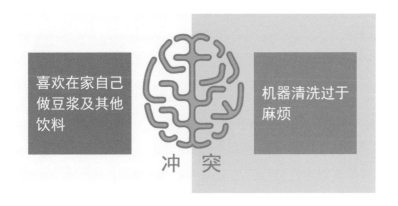

九阳又推出中国首款不用手洗的产品。

"不用手洗"的战略诉求激活了消费者对豆浆机和破壁机升级换代的需求，推动了九阳差异化优势的形成。在新战略推动下，九阳豆浆机以 80% 的市场份额创历史新高，在新兴的破壁机市场，九阳以 38.5% 的市场份额占领赛道的头部位置。

04／鸡蛋从外部打破是食物，
从内部打破是生命

菲利普·科特勒曾说：真正的营销是驱动增长的。要良性的驱动增长，还是要回到冲突本身，时刻提醒自己：以自我为中心，究竟解决了消费者哪些冲突？当产品无法满足消费者需求的时候，我们必须有制造自我冲突的决心和勇气，从内打破自我，创造新的产品，解决消费者新的冲突。

打破，就是企业横向制造自我冲突的方法，但我们并非提倡一切都破旧立新，我们需要遵守"守破离"的规则，才能做到"技可进乎道，艺可通乎神"。

守：守住核心竞争力，不是所有的元素都要创新，有价值的基因，我们要保留下来，但判断是否保留的唯一标准是：能否解决消费者冲突？

破：打破界限，升级冲突，才能取代旧世界，创造新世界。

离：始终要保持离开的决心，再伟大的发明，消费者的热度也不会超过三个月。始终提醒自己要有离开的觉悟，沉溺在旧世界的美好之中，只会丧失对新世界的欲望和企求心。

进攻左脑：我们可以打破产品功能的界限，打破产品使用方法的界限，打破产品使用场合的界限，打破产品使用时间的界限，打破产品购买渠道的界限，打破产品购买价格的界限……

进攻右脑：我们可以打破使用年龄的界限，打破使用目的的界限，打破使用人群阶层的界限，打破使用习惯的界限……

甚至，我们可以利用右脑的品牌真相打破左脑的理性界限；用左脑的产品真相打破右脑的感性界限。

人性的贪婪，决定了消费者永远想要更多。在消费者的欲望面前，企业只有不断地制造自我的冲突，才能为企业创造新的生命力，不断拓宽赛道。

05 / 望远镜式：横向制造自我的冲突，给消费者一个全新的"我"

叶茂中冲突战略和乌江榨菜最早的合作是在 2004 年，那时，酱腌菜市场规模超过 200 亿元，但是却没有一个强势品牌，而其中榨菜又是酱腌菜市场中空间比较大的品类，这对于乌江榨菜而言是一个巨大的机会，但机会的冲突点在哪里呢?

在经过缜密的市场调研之后,其中一组数据引起了我们的重视。

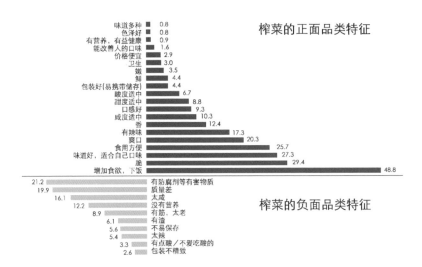

在榨菜产品正面及负面品类特征的调研数据中,大多数消费者为了增加食欲、下饭而购买榨菜,但也有相当大比例的消费者因为有防腐剂、质量差等因素而产生了担心。不可否认的是,榨菜虽然有广泛的消费者基础,是居家旅行必备的小食,但长久以来榨菜也和低价、低质、不卫生、口味重等负面因素联系在了一起。消费者对于食用榨菜这件事,其实有着明显的冲突。

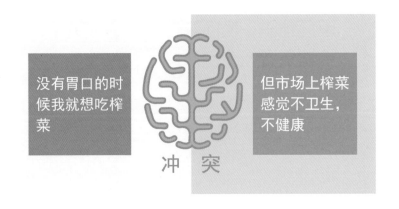

进攻左脑解决消费者的冲突

建立标准：改变消费者的固有认知总是困难的，做市场的启蒙教育者更是成本巨大，但是在市场处于低水平竞争阶段时，抢在竞争对手之前树立一定的行业标准则往往会事半功倍。在一个没有标准的市场里，谁首先制定了工艺标准，谁就抢占了品质的制高点，我们为乌江榨菜创作了"三清三洗三腌三榨"的工艺标准。

提价：乌江榨菜是能够解决消费者冲突的"三榨"榨菜，价格自然就应该比普通榨菜更贵，我们进一步将"三榨"的单价从 0.5 元提升到 1.2 元，跳出低价低质的恶性竞争泥潭。

乌江榨菜通过"三榨"的产品真相，解决了消费者"没有胃口的时候想吃榨菜，但市场上的榨菜感觉不卫生，不健康"的冲突。2005 年，乌江榨菜产量达到 64 520 吨，创历史最高水平，同比增长 13 865 吨，其中创新产品三榨销量突破 1 万吨。仅用了六个月，其利润就达到老产品的四倍。

乌江榨菜一举成为榨菜市场的第一品牌，并成功在资本市场上市，成为酱腌菜领域唯一的上市公司。

"三榨"之后几年，他们换了一家"定位"公司制定战略，放弃"三榨"，定位"正宗榨菜"，只聚焦于榨菜市场，以"连续五年销量领先"为核心诉求进行市场推广，不断强化自己"正宗榨菜"的市场地位。

结果呢？乌江榨菜在 2011 年销售额 7.04 亿元，2012 年销售额 7.12 亿元，销售额停滞不前。

2012 年年末，乌江榨菜再次找到了叶茂中冲突战略，董事长周斌全见到叶茂中这厮第一句话就说：我现在就好像是热锅上的蚂蚁……

我们认为：定位理论本身没有问题，但问题是"正宗榨菜"的定位，解决了消费者什么冲突？不能解决冲突的定位都是无效的定位。

正宗榨菜不仅没有解决消费者冲突，还人为制造了企业发展的冲突，让乌江榨菜陷入"小池塘"的局限思维中。我们果断建议其放弃"正宗榨菜"的定位，重新回到"三榨"的诉求。

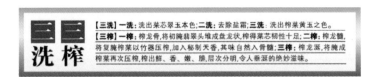

同时建议乌江榨菜采用"望远镜式"制造自我冲突的方式，跳出"正宗榨菜"这个定位的"小池塘"，重新洞察消费者冲突需求，横向拓宽自己的赛道。

从2012年的消费者市场调研报告中，我们发现了另一个极为明显的新的消费冲突。

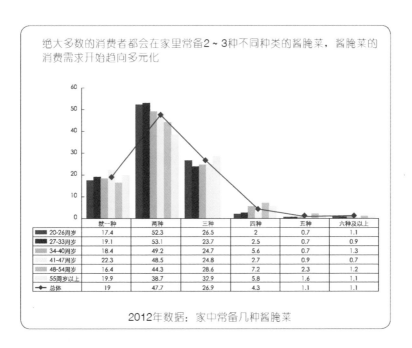

绝大多数的消费者都会在家里常备2～3种不同种类的酱腌菜，酱腌菜的消费需求开始趋向多元化

	就一种	两种	三种	四种	五种	六种及以上
20-26周岁	17.4	52.3	26.5	2	0.7	1.1
27-33周岁	19.1	53.1	23.7	2.5	0.7	0.9
34-40周岁	18.4	49.2	24.7	5.6	0.7	1.3
41-47周岁	22.3	48.5	24.8	2.7	0.9	0.7
48-54周岁	16.4	44.3	28.6	7.2	2.3	1.2
55周岁以上	19.9	38.7	32.9	5.8	1.6	1.1
总体	19	47.7	26.9	4.3	1.1	1.1

2012年数据：家中常备几种酱腌菜

2012年，绝大多数的消费者都会在家里常备2~3种酱腌菜，这意味着顾客对于酱腌菜的消费需求，已经开始趋向多元化，但除了腐乳、辣酱等少数产品有强势品牌之外，在萝卜干、辣白菜、酱海带、酱菇类等大多数产品市场上还没有强势品牌。

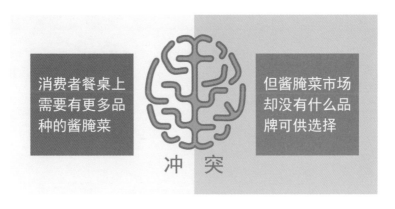

对于乌江榨菜而言，应该充分利用品牌的影响力在酱腌菜这个大市场里

充分作为，让小乌江变为大乌江，打破定位局限，横向制造自我的冲突，打造新的产品矩阵，解决消费者更多的冲突。

　　叶茂中冲突战略帮助乌江榨菜开启"中国好味道"战略，推出更多让消费者放心的佐餐食品——先后推出了"萝卜干""泡菜""海带丝"等佐餐食品。从"小乌江"到"大乌江"的战略升级后，乌江销售额迅速增长，短短几年，上市公司市值从30亿元上涨到200亿元。

06／别老想着改变世界，
多想想改变自己

任正非说："做百年老店是非常困难的，最主要的是要祛除惰怠。祛除惰怠，对我们来说是挑战。所以我们强调自我批判，就是通过自我批判来逐渐祛除自我惰怠，但我认为并不容易，革自己的命比革别人的命要难得多得多。"

张小龙也曾经说：每天都有人在吐槽微信，有 1 亿人在教我如何做产品。

但真正对张小龙产生影响，促使他不断制造自我冲突的，是下面这十条产品设计原则，也是乔布斯当年的十条设计原则：

- 有创意的。
- 有用的。
- 优美的。
- 非常容易使用。
- 含蓄的。

- 诚实的。
- 经久不衰。
- 不会放过任何一个细节。
- 不浪费太多资源。
- 少即是多。

这十条设计原则，就是张小龙制造自我冲突的高标准，是微信无惧"后来者"挑战，始终占据社交赛道头部位置的关键。

- 与其被别人革命，还不如自己革自己的命。
- 要么用显微镜，纵向制造自我的冲突，给消费者一个更好的"我"；
- 要么用望远镜，横向制造自我的冲突，给消费者一个全新的"我"。

第十二章

解决传播冲突一：广告语

广告语的三大原则：

上接战略：一句话解决冲突；

下接地气：一句话传播冲突，要讲人话；

自带公关：一句话制造冲突，放大传播效应。

第十二章　解决传播冲突一：广告语

> 广告语的三大原则：
> 上接战略：一句话解决冲突；
> 下接地气：一句话传播冲突，要讲人话；
> 自带公关：一句话制造冲突，放大传播效应。

01／如何解决 传播中的冲突

全世界的企业家都知道传播的冲突："我知道我的广告费有一半浪费了，但是，我不知道是哪一半被浪费了。"

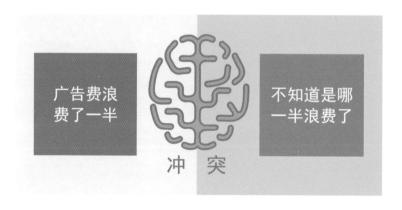

要解决这个冲突，我们可以从广告语、品牌名、产品名、品牌符号、媒体策略等方面下功夫，本章我们将和各位读者讨论广告语如何解决传播的冲突。

02／广告语是董事长的
重要工作

冲突是战略第一步，广告语则是冲突战略落地的第一步。

董事长应该高度重视广告语的设计和传播。

在叶茂中这厮看来，广告语就应该是企业一把手的工作，是董事长的核心任务之一。

03／一句话
让人"跳"

蔡康永有一次访问成龙，开场时想活跃一下气氛，就问他："拍电影累不累呀？"

就这么一句话，让成龙哭了整整 15 分钟。蔡康永一时也不知所措。

铮铮铁骨的汉子，就被这样一句话，击溃了防线。

为什么？

因为这句话击中了硬汉的"冲突点"，人前显贵，必定人后遭罪。电影硬汉的"光彩形象"必定让成龙付出了一般人无法想象的努力和牺牲。英雄不落泪，只是未到伤心时，而就是这样一句话命中了他的"冲突点"……

一句话说得人"跳"，都是因为命中了"冲突点"。

解决冲突的广告语就是一句让消费者听了，一下子就能"跳"的广告语——要么发现一个冲突，要么制造一个冲突。

能够解决传播冲突的广告语和一般广告语的区别就好像盐和糖。

盐：消费者的冲突就是"伤口"，在伤口上撒盐，一定会痛，会引发剧烈的反应。广告语要么进攻左脑，成为消费者需要的产品真相；要么进攻右脑，成为消费者想要的品牌真相。

糖：虽然甜蜜，但只是一时的幸福感。"糖"一般的广告语，多为取悦式广告语，有时能引发消费者的好感。但如果不是从冲突出发，就无法深层次地打动消费者，甜蜜来得快，去得更快。糖一般的广告语，有时反而会使企业落入甜蜜的陷阱。

04 / 重拳出击，
还是挠痒痒

广告语就九个字：

对谁讲？

讲什么？

怎么讲？

我们可以从两个方向打造广告语，解决传播的冲突。

● 拳击式：力量型，快、准、狠。要么力求一招致命，犹如一记重拳，痛击消费者冲突点，刺激消费者快速解决冲突；要么一句话制造新冲突，让消费者忘记旧冲突。

● 挠痒痒式：技术型，重复、重复、再重复……通过有技巧的重复，制造冲突，放大冲突，使消费者产生好奇，直到他们寻找新答案，解决冲突。

拳击式　　　挠痒痒式

05 / 拳击式广告语

"洗了一辈子头发，你洗过头皮吗？"

一招致命地制造了新冲突，成功地改变了竞争的赛道，把消费者吸引到"头皮好，头发才好"的新赛道。

"我们恨化学！"

一招致命地制造了产品和化学类护肤的冲突，帮助自己成为"非化学"赛道上的头部品牌。

"学琴的孩子不会变坏"

一招致命地用艺术的力量，解决了父母在孩子成长道路上，担心孩子学坏的冲突。

"没有人能真正拥有百达翡丽，只不过是为下一代保管而已。"

一招致命地进攻了右脑，用传承的品牌真相，塑造出非凡的价值，解决了价格昂贵的冲突。

"男人就应该对自己狠一点！"

一招致命地激励了那些正在承受生活压力，想放弃又不能放弃的男人。赋予他们直面挑战，战胜困难的勇气！

"想想还是小的好！"

一招致命地制造了大车乘坐虽然宽敞舒适，但消耗大、不环保的冲突，改变了赛道，让消费者重新开始思考"小车"的好处。

"30岁的人，60岁的心脏；60岁的人，30岁的心脏。"—— 一招致命地制造了身体年龄和心脏年龄之间的冲突，狠狠地刺激了年轻的加班一族，引发了他们对自身健康的关注。

30岁的人
60岁的心脏

60岁的人
30岁的心脏

拳击式广告语三大注意

一个中心——不要说你想说的话，要说消费者想听的话，以解决或制造消费者冲突为中心。

一个冲突——简单背后是"不简单"的洞察、解决或制造冲突的能力，广告语必须聚焦在一个核心冲突上，不要企图以多取胜。

一句人话——广告语的目的是解决冲突，要便于传播，所以不要追求所谓的"高大上"，要说消费者能听懂的话。

06／挠痒痒式广告语

知乎

你知道吗?

你真的知道吗?

你确定你知道吗?

你真的确定你知道吗?

有问题上知乎。

上知乎、问知乎、答知乎、看知乎、搜知乎、刷知乎……

有问题，上知乎。

我们都是有问题的人！

南亚风情·第壹城

这里是昆明的巴黎!

这里是昆明的曼哈顿!

这里是昆明的香港!

这不是梦,这是即将到来的日子!

南亚风情·第壹城。

马蜂窝

旅游之前,先上马蜂窝!

旅游之前,为什么要先上马蜂窝?

旅游之前,为什么要先上马蜂窝?

旅游之前,为什么要先上马蜂窝?

旅游之前,就要先上马蜂窝!

马蜂窝,嗡嗡嗡。

百威啤酒（2000 年戛纳广告节影视类全场大奖）

what's up？

what's up？

what's up？

……

广告一直只重复一句当时年轻人的口头禅"what's up"（过得怎样），
通过不断挠痒痒式的重复，让百威成为最懂年轻人的啤酒。

苹果

iPhone 的首支广告 "Hello"

"Hello" "Hello" "Hello" "Hello" "Hello"

"Bonjour"（法语，你好）"Hi" "Hello" "Hello"

"Yo, Yo,Hello" "Hello" "Hello" "Hello"

30 个电影明星，都在重复一句 "Hello"，就是告诉消费者一件事——苹果要和大家见面了。

这些都是典型的通过不断重复制造冲突的广告语。消费者可能原本没有那么强烈的反应，但禁不住反复问、反复说，引发了强烈的好奇。所以说，有技巧的重复，是一种可以把 "冲突" 放大，层层叠加的方法。

《中国经营报》就马蜂窝的广告曾经讨论过：如果按照广告行业流行的 USP（独特的销售主张）理论分析，该广告根本就没有说明白马蜂窝是什么。既没有产品的 "独特之处"，也没有提任何卖点，属于典型的 "无用广告"，看不清出自哪种营销理论。但实际上这则广告为企业带来的是：马蜂窝移动端指数增长了 316%，连续多日在苹果 App Store 热门搜索排名第一，马蜂窝在旅游类网站排行中，除了打车类软件，居下载排行榜第一。

马蜂窝广告为什么看似"无用"，实则却爆发了惊人的力量呢？

挠痒痒式的广告，就是依靠有技巧的重复，由量变最终引发质变。马蜂窝的广告重复了三遍：旅游之前，为什么要先上马蜂窝？制造了一个消费者的心理冲突，却始终不告诉消费者卖点和原因，打破了传统广告的诉求方式，不按套路提供产品诉求，激发了消费者的好奇心，就好像挠痒痒一样，不停地刺激他们去思考：到底是为什么呢？直到他们自己主动找到答案，下载 App。

挠痒痒式广告语的三大注意事项

一个目的：不要为了重复而重复，重复要达到解决或者制造冲突的目的。

有技巧的重复：最好文字有变化能产生递进式效果，即使是同样的话，也要通过语气的轻重缓急产生变化。

度的把握：挠痒痒式的重复就好像妈妈的唠叨，但要适可而止，不能让孩子崩溃。

07 / 如果消费者记不住，那就令广告语戏剧化

有些话，说得都对，但消费者就是记不住。

所以，无论是拳击式还是挠痒痒式的广告语，都必须遵循"戏剧化"来

设计，利用反转、夸张、对比、比喻等艺术手段，放大冲突感，让广告语不仅能解决消费者的冲突，更能解决传播的冲突，在粉尘化的传播环境下，消费者听了广告语，一下子就能"跳"起来，才是更好、更主动的被传播、被记住、被扩散。

就好像叶茂中冲突战略20多年前写的"地球人都知道"，用极度夸张的艺术手段，让人们深刻地记住了这句广告语，甚至还上了春晚的小品，成为人们的流行口语。

戏剧化，是广告语快速解决传播冲突的关键手段；

利用戏剧化的冲突感，才能更好地战胜传播的粉尘化；

戏剧化的广告语能为企业节约1亿元的传播费用。

iPod—把1 000首歌曲装到口袋里

利用对比的戏剧性，设计了"多和少"的冲突感，让消费者快速记住了iPod的大容量。

"今天是美好的一天，但我看不见。"

如果只是平铺直叙地诉说自己眼盲，未必能博取路人的同情；但加上戏剧元素，赋予眼盲更深层次的悲剧效应——今天的美景，我无法欣赏，会赢得更多人的同情。

CBD 家居——"小心！家会年轻 10 岁"

35 岁老了吗?

45 岁老了吗?

孩子大了,我们就应该老了吗?

CBD 家居,

家年轻,心就年轻;

CBD 家居,

小心!家会年轻 10 岁。

CBD。

叶茂中冲突战略在策划时,洞察到 CBD 家居主力消费人群年龄是 35~45 岁,且 90% 由女性决策。而这个年龄段的女性最大的冲突就是"变老但又怕老"。所以,我们通过递进式的三连问,拳击式地放大了中年消费者"变老但又怕老"的冲突。又利用反转的方式,出人意料地警告"怕老"的消费者:"小心!家会年轻 10 岁",广告的戏剧化让消费者记住了 CBD 家居解决冲突的承诺:"家年轻,心就年轻",并且产生了深刻印象。

九阳破壁机——打,打,打,打,打

九阳破壁机

九阳破壁，打果蔬；

九阳破壁，打米糊；

九阳破壁，打豆浆；

九阳破壁，打坚果；

打，打，打，打，打，还静音哦！

九阳，静音破壁机，

专注破壁技术 24 年。

做破壁，还有比九阳更久的吗？

打，打，打，打，打，挠痒痒式的戏剧化重复，让九阳成为最能"打"的破壁机，也成为消费者最容易记住的破壁机。

九阳不用手洗破壁机，

打打打打打，

还真能打哦！

九阳不用手洗破壁机，

静静静静静，

还静音哦！

九阳不用手洗破壁机，

洗洗洗洗洗，

还不用手洗哦！

做破壁，还有比九阳更久的吗？

继九阳静音破壁机大获成功之后，九阳又推出了不用手洗破壁机，依旧沿用挠痒痒式的戏剧化重复。

08 / 您的广告语解决了什么冲突，还是制造了什么冲突

在基特·亚罗（Kit Yarrow）描述的新数字世界中：

- 我们总是浏览信息，却不仔细阅读；
- 大量的信息轰炸我们，充斥于我们的生活中；
- 我们习惯于快节奏；
- 我们越来越沉迷于刺激和速度；
- 我们越来越不能容忍任何需要耐心的事物。

在信息饱和的时代，"糖一般的广告语"只会被浏览甚至被忽视。常规的表达，无法和消费者建立沟通。要在消费者的快节奏中，在他们沉迷的"刺激"中，杀出一条血路来，必须靠"盐一般的广告语"，像拳击一样击中消费者的冲突点，像挠痒痒般不停地干扰消费者的冲突点。

我们都知道，战略不是解决企业自己的问题，而是解决消费者的冲突。

广告语要成为战略的表述，必须从消费者冲突出发，切记不要从企业自我出发，设计出"自嗨式"的广告语。

很多优秀的广告语，就是因为解决了消费者的核心冲突，才会流传至今。

- 冲突，才是广告语一招致命的关键。
- 您的广告语解决了什么冲突，还是制造了什么冲突？
- 您的广告语，是否采用了充满冲突感的戏剧化设计？

第十三章

解决传播冲突二：品牌名

决定品牌名能否解决传播冲突的关键：
第一是好记，
第二是好记，
第三还是好记。

第十三章　解决传播冲突二：品牌名

决定品牌名能否解决传播冲突的关键：
第一是好记，
第二是好记，
第三还是好记。

01/ 天生自带传播力的品牌名

我们先来看看下面这些品牌名。

阿里巴巴——源自一个全世界都知道的故事。

亚马逊——来自世界上流量、流域最大、支流最多的河流。

苹果 —— 伊甸园的苹果第一次改变了世界，乔布斯的苹果则再一次改变了世界。

耐克——希腊胜利女神的名字。

星巴克——源自赫尔曼·梅尔维尔（Herman Melville）的著名小说《白鲸》。

红牛——"红牛"是古希腊生命力最旺盛的灵兽。

这些品牌名天生自带传播力，消费者很容易就能记住，而这些品牌名都具备两大特点：熟悉感和形象感。

● 熟悉感：人类的大脑对原本就熟悉的名字，比如阿里巴巴、亚马逊、喜马拉雅等，会有天生的应激反应，很容易记住。

● 形象感：容貌比名字更容易记忆，人类的大脑更容易记住那些能联想出具体形象的品牌名，比如"三只松鼠""天猫""小米""苹果"等，都是有形象感的品牌名。

又熟悉又有形象感的品牌名，自然是最能解决传播冲突的品牌名。

02／顺时针取名，还是逆时针取名

取品牌名有两个方向。

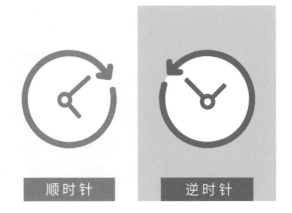

● 顺时针：顺势而为，借势而上，利用消费者"熟悉"的元素作为品牌名，能让消费者迅速记住。

● 逆时针：将两种不相关，甚至相反的概念组合在一起，制造冲突感，产生化学反应，让消费者迅速记住。

但不论是顺时针还是逆时针的取名方式，我们首先要找到能和消费者发生关联的"熟悉感"；只有在"熟悉感"的基础上，才能解决传播的冲突，降低记忆的成本。

"熟悉感"才是品牌名一招致命解决传播冲突的关键。

盛田昭夫认为，公司品牌名应该取得平易近人一点，让人立刻就觉得熟悉，尤其是那些高科技的企业，更应该通过品牌名传达出友好的、平易近人的、讨人喜欢的感受。所以，他把"东京通信"改名为 SONY，谐音为 sunny（阳光）。

熟悉感可以来自很多角度：

熟悉的诗词歌赋、典籍、名著——"百度"的品牌名出自辛弃疾的《青玉案·元夕》："众里寻他千百度，蓦然回首，那人却在，灯火阑珊处。"

熟悉的数字——360、999 胃泰、520 玫瑰、1001 香水。

熟悉的地名或者名胜——喜马拉雅 FM、黄鹤楼香烟、青岛啤酒、依云水。

熟悉的叠化词——滴滴、旺旺、拼多多、货拉拉、娃哈哈。

熟悉的常用口语——饿了么、花呗、去哪儿。

其实类似的角度还有很多，像武侠小说、历史典故、常用口头禅、俗语、电影、神话传说、水果、植物、动物、山川、花草、声音、祝福。但凡是消费者脑海里已经有的东西，都可以成为我们取名的素材。

03／顺时针 取名

天猫、蚂蚁金服、闲鱼、盒马……阿里系借势于"动物园"，让消费者更快速地记住了品牌名，节约了大量的传播费用。

阿甘锅盔，借势于《阿甘正传》，让消费者体会到企业不怕吃苦、吃盔（亏）是福的阿甘精神。

这些都是顺时针取名，这些品牌名能"好风凭借力，扶我上青云"的关键在于：都是搭乘了消费者熟悉的好风，尤其是那些能让消费者快速产生形象感的品牌名。

如今相当多的品牌名占领了动物园和植物园，就连罕见的"平头哥"（一种热带雨林的蜜獾，是"世界上最无所畏惧的动物"），都被拿来取名。

顺时针取品牌名的关键，在于是否比竞争对手快半步地霸占了消费者熟悉的"素材"。我们要迅速霸占那些有价值、有意义、有形象感的品牌名，快速地让自己的品牌和这些形象发生关联，千万不要顾虑重重地认为自己的产品和这些"形象"没有天生的关联，就轻易放弃了"踩在小动物肩膀上"的机会。

04 / 逆时针 取名

我们可以戏剧化地将两种意料之外，甚至截然相反的元素组合在一起。比如电影名《羞羞的铁拳》，羞羞和铁拳的冲突感，激发了消费者的好奇心，让他们想去电影院一探究竟。

比如飞猪，猪原本是"懒"的动物，又没有翅膀，却偏偏让猪"飞在天上"。

月亮应该是亮白如玉，却起名"蓝月亮"。

Dior 旗下的香水，名为"毒药"。

明明是想挑战顺丰的雄鹰，却自谦地叫自己菜鸟。

卖给"小鲜肉"的沐浴露，叫自己 Old Spice（老香料），反而卖得更好。

如果你祖父当年没有用 Old Spice，哪来的你？

对两种最不应该放在一起的元素进行组合，就会发生神奇的化学作用，避免了人云亦云的记忆陷阱，反而加深了消费者的记忆。

逆时针取品牌名的关键，不仅要抢占消费者熟悉的名字，更需要运用想象力和创造力，进行二度创造，赋予其新鲜感。有时，甚至需要抢占两种对立的元素，组合在一起，产生戏剧化的冲突感，就像《给你讲个笑话，你别哭啊》《吃饱了，再减肥》这些书名，都具有反差感，从而激发了消费者强烈的好奇心。

逆时针取品牌名的反差感，也能体现在品牌名和产品之间，原本冰冷的高科技，却用接地气的水果或者五谷来命名，就能像苹果和小米，反而能让消费者产生好奇心，快速拉近和消费者之间的距离。

05 / 自检标准：
一听、二看、三记得

品牌名作为品牌永恒不变的第一要素，不仅要解决企业眼前的冲突，更需要考虑未来可能发生的冲突升级。

解决眼前的冲突，我们首先要让消费者能快速接受我们，记住我们；

解决未来可能发生的冲突，则要赋予品牌名深意，让消费者爱上我们。

战略不是解决企业自己的问题，而是解决消费者的冲突。

品牌名不应该只是企业自己想叫什么，更应该考虑消费者会怎么叫你，怎么记住你？

品牌名是唯一永恒不变的战略要素（冲突升级后，广告语会改变，产品会升级，甚至 LOGO 也会调整），品牌名必须从解决传播冲突出发，切记不要

从企业自己的喜好出发，设计那些花费10亿元传播也记不住的品牌名。

"我知道我的广告费有一半浪费了，但是，我不知道是哪一半被浪费了。"如果企业的品牌名都无法被消费者记住，那就等于浪费了全部的广告费。

企业的品牌名是否能做到一听，二看，三记得？

一听：企业的品牌名是不是一听就懂？

二看：企业的品牌名是不是让消费者联想到了什么形象？

三记得：企业的品牌名是不是能让消费者一下子就记得？

06 / 消费者会 重新定义企业的品牌名

很多国际大牌的品牌名，都挺难记的，有些消费者天天使用这些国际大牌，但也未必能准确发音。

YVESSAINTLAURENT

YSL，法国的品牌，读作：[EVE SONG LA-HONG]，但很少有人能完美地发出其法语发音，如今亦被女生们改称为"杨树林"。

大名鼎鼎的 LA MER，也被贵妇们改名为更容易传播的"腊梅"。

当品牌名无法让人听得懂的时候，消费者就会用自己的方式重新定义品牌名，便于自己记忆。

但是，您企业的品牌名会像那些历史悠久的国际大牌那样幸运吗？

要让消费者更快记住品牌名，务必满足两大特点：熟悉感、形象感。

品牌名要解决传播的冲突，必须做到：

- 第一是好记，

- 第二是好记，

- 第三还是好记。

第十四章

解决传播冲突三：产品名

产品名需要满足以下四点：
吸引注意、便于记忆、易于传播、利于区分。

第十四章　解决传播冲突三：产品名

产品名需要满足以下四点：
吸引注意、便于记忆、易于传播、利于区分。

01／产品名和品牌名一样重要

很多企业家都非常重视品牌名的创作，并且一定会对其进行注册并保护，但是却不太重视产品名的创作，往往会随大流，别人叫什么，我就叫什么；行业习惯叫什么，我就叫什么。

但其实，产品名和品牌名一样重要。

很多企业家往往会把产品名和品类名混为一谈，取产品名，只是象征性地给产品取了共性的行业习惯的名称，人家的产品叫洗衣粉，我的产品也叫洗衣粉；人家的产品叫电脑，我的产品也叫电脑。压根没有想过产品名也有很多文章可以做，产品名也需要解决消费者的冲突、解决传播的冲突。

02／区分品牌名、品类名、产品名

品牌名：品牌的独特识别名称，企业家一定会对其进行注册并保护。

品类名：行业共享的、消费者可以清晰对应到具体商品种类或特性的名称，比如运动鞋、护肤精华液、全面屏手机等，这些大多是无法进行注册保护的。

产品名：品牌下面某款产品或系列产品的名称，比如耐克有一款运动鞋叫"空军一号"，小米的全面屏手机叫"MIX"。

03／产品名分共享型和独享型

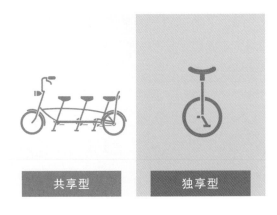

共享型：是基于品类名的命名方式，对产品属性的描述，比如：手机有拍照手机、音乐手机、双摄手机等。这个时候的产品名几乎等同于品类名，极有可能成为行业通用的名字。

独享型：是参考独立品牌的命名方式，比如：耐克旗下的乔丹，以前是耐克旗下的高端产品的产品名，后来发展成一个独立品牌。独享型产品名是产品个性化的表达，可以通过注册对其进行保护，未来也可能发展成独立品牌。

但无论是共享型产品名还是独享型产品名，都必须要解决传播的冲突，要么让消费者知道你是干什么的，要么让消费者快速记住你。

04 / 如何设计共享型产品名

设计共享型产品名，有以下几个方向：

- 源自产品的功能：OPPO 双摄拍照手机、Dyson 速干吹风机、玉兰油防晒霜、美加净护手霜；
- 源自产品的使用人群：江小白青春小酒、清扬男士专用洗发水；
- 源自产品的使用时间：Saborino 早安面膜、护舒宝夜用卫生巾；
- 源自产品的主要成分命名：雅诗兰黛红石榴水、娃哈哈八宝粥；
- 源自产品的外形命名：武夷山雀舌茶、宝路有个圈的薄荷糖；

......

共享型的产品名好处就是能让消费者一下就明白你是做什么的，不用品牌多费口舌再去解释；坏处就是会有雷同，消费者可能无法清晰地区分出你是谁。

要避免陷入同质化的局面，解决传播雷同的冲突，共享型产品名该怎么办？

避免陷入同质化，为共享型产品名动个小手术

要解决传播雷同的冲突，我们需要给"共性"加点小个性，或者把产品的卖点巧妙地放进产品名里，为共享型产品名动个小手术，便于消费者识别和区分，解决传播雷同的冲突。

公牛安全插座，动个小手术，加了"安全"二字，就比普通插座更让人放心。

星巴克樱花浪漫玛奇朵，动个小手术，加了樱花浪漫，就感觉比一般的玛奇朵更好喝了。

滋源洗头水，动个小手术，不叫洗发水，而叫洗头水，制造了一个小冲突，改变了赛道，把消费者都吸引到新赛道上去了。

九阳不用手洗破壁机，动个小手术，加个不用手洗，就更受"懒人"的欢迎了。

给共享型产品名动个小手术，就能更好地解决传播雷同的冲突。

要说人话

共享型产品名要解决传播的冲突，不应该使用那些只有行业内人士才明白的专有名词、术语、型号、货号、配方等。如果消费者不明白、不理解，就应该避免在产品名中使用。

VR 眼镜就是行业术语，VR 是 Virtual Reality（虚拟现实）的简写，可又有几个消费者知道这是什么意思呢？

同为黑科技产品，在无人机作为消费品尚不被大众熟知的阶段，大疆无人机推出了 PHANTOM 系列产品，将产品名定为"会飞的照相机"。"会飞""照相机"都是消费者的日常口语，所以这样一个产品名就能让消费者一听就懂。

05 / 如何设计
独享型产品名

古龙说："一个人的名字也许会错，但外号绝对不会错。"

古龙笔下的"十大恶人"依次是："血手"杜杀，"笑里藏刀"哈哈儿，"不吃人头"李大嘴，"不男不女"屠娇娇，"半人半鬼"阴九幽，"见人就赌"轩辕三光，"迷死人、不赔命"萧咪咪，"损人不利己"白开心，"狂狮"铁战，再加上欧阳丁、欧阳当两兄弟。不见其人，单听这些外号，也能让人一下子就明白这些恶人的可怕之处，唯恐避之不及。

外号往往是抓住了人最明显的特征，进行了夸张化的表达，才能在江湖上流传。产品同样如此。

- SK-II 的肌因光蕴环采钻白精华露，外号"小灯泡"；
- SK-II 护肤精华露，外号"神仙水"；
- SK-II 的 PITERA™ 精华面膜，外号"前男友面膜"。

这些外号就是独享型产品名，因为能呈现出产品与生俱来的戏剧性，就更容易被消费者记住。

诸如此类的还有：

耐克的空军一号。

劳力士的防水手表"水鬼"。

玛莎拉蒂的豪华运动型四门轿车"总裁"。

独享型产品名，取名方式可以参考品牌名的取名方法。

独享型产品名解决传播冲突的标准和品牌名同样都是：好记，好记，好记。

熟悉感是独享型产品名能被记忆的前提。利用消费者的熟悉感，不仅是取品牌名的方法，也是取产品名的方法。

独享型产品名要追求个性，但这种个性不是标新立异，不是让消费者摸不着头脑，而应该立足于产品真相，并以情理之中、意料之外的方式去表达，这样才能解决传播冲突——吸引消费者的注意力，加强他们的记忆。

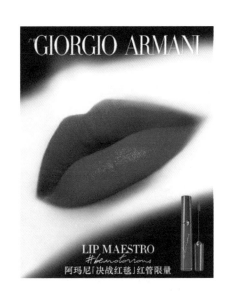

阿玛尼的限量唇釉取名"决战红毯"，洞察了女生在聚会"卡位战"上，时常想要脱颖而出成为全场焦点的冲突。

LOEWE 001 的香水系列取名"事后清晨"，描绘出早晨醒来恋人相拥而视，散发着荷尔蒙的场景，引发了无数人的想象。

06/产品名
三禁忌

第一是切忌滥用产品名。品牌无须为所有的产品创造产品名，滥用产品名只会分散消费者的注意力，忽略品牌的拳头产品。

1998 年，New Balance 990 受到各国元首和商界精英的热捧后，获得了"总统慢跑鞋"的称号。而这之后，New Balance 对这一产品名的使用也十分克制，数十年来始终未将它转移到其他的产品上。

第二是产品名切忌跟风。化妆品市场自从小棕瓶后，小红瓶、小黑瓶、小白瓶、小绿瓶也纷纷出现，弄得很多新消费者傻傻分不清楚，加大了传播的难度。

第三是产品名要提前考量是否开放给全行业使用。不管是独享型还是共享型产品名，如果没有注册，或者无法注册的时候，无异于是"老鼠生崽——替猫造福"，只会引来同行的跟随和模仿，就像"解百纳之役"。

20 世纪 30 年代，兼任张裕经理的中国银行行长徐望之先生，为公司新研制的一款"葡萄酒"研究定名，最后决定秉承张裕创始人张弼士倡导的"中西融合"理念，取"携海纳百川"之意，将这款葡萄酒命名为"解百纳"。从那时开始，"解百纳"就成了张裕的核心产品。

2002 年，解百纳成为深受市场欢迎的产品，其他品牌：中粮、长城、王朝、威龙等众多红酒企业快速跟随，纷纷都用解百纳作为自己的产品名。解百纳逐渐成为共享型的产品名，一时之间葡萄酒市场到处都是"解百纳"，消费者也分不清谁好谁坏。

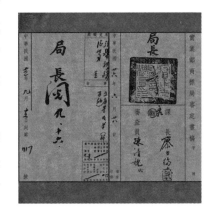

为了独占"解百纳"，张裕和中粮、长城打了七年多的官司，还拿出了 1936 年民国时期的解百纳商标注册作为证据，才打赢了官司，解百纳商标最终归张裕所有。

产品名是否要注册保护，其利弊就犹如硬币的两面。

如果你需要同行一起帮你把产品市场做大，那产品名就不要私有化，靠大家一起把水烧到 100 度。其实如果不是长城、王朝等品牌的加入，解百纳也无法快速形成一个大市场；

如果你想独占产品名，那就要对产品名进行注册和保护，比如王守义十三香。把十三香注册保护起来，别人就不能用十三香作为产品名。为了防止别人抄袭，王守义十三香甚至早早就把十一香、十二香都保护了起来，弊端就是十三香的市场只能靠王守义一家推广发展。

产品名并非品牌系统中可有可无的配角，它也肩负了强大的传播使命。

战略不是解决企业自己的问题，而是解决消费者的冲突。

产品名不应该完全用品类名替代，即便共享型产品名从品类名出发，也应该动个小手术，让产品名成为有个性的产品名，更易于消费者区分。产品名更要降低消费者的记忆难度，要用接地气的语言赋予产品一个"外号"。

您的产品名是否符合下面四个标准？

- 第一，吸引注意。
- 第二，便于记忆。
- 第三，易于传播。
- 第四，利于区分。

第十五章

解决传播冲突四：品牌符号

容貌比名字更容易记忆。

第十五章　解决传播冲突四：品牌符号

容貌比名字更容易记忆。

01/ 我们活在一个"看脸"的时代

《人民日报》指出：时下，似乎是一个"看脸"的时代，"颜值"变得越来越重要。在如今的社会评价体系中，"颜值"俨然成为排在权力、财富、社会地位之后的"第四指标"，并且大有后来居上之势。

这是一个肤浅的时代，这也是一个深刻的时代；

肤浅，需要我们长得漂亮；

深刻，需要我们活得漂亮。

品牌符号，不仅要长得漂亮，更要帮助消费者活得漂亮；

人们需要品牌符号，是为了向他人展示自己具备品牌塑造出来的那些特质。

喝依云水代表了年轻的心态。

穿上了 Under Armour，就仿佛有了专业运动员的钢铁意志。

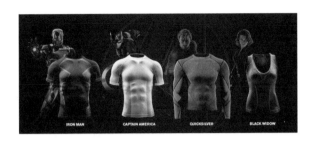

品牌符号，不仅仅是企业的自我表达，更要考虑到消费者穿着、用着、戴着我们的品牌符号时，能帮助他们传递"我是一个什么样的人"，输出什么价值，表达什么情感。

品牌符号不仅是企业的重要资产，更是一种力量，能在品牌与消费者的互动中发挥作用，甚至对消费者施加影响，让他们产生向往。

大品牌的符号，甚至被人们纹到了身上，成为炫耀的资本。

02/ "脸"
是解决传播冲突的利器

容貌比名字更容易记忆。

品牌符号化，是最简单直接的传播方式；品牌符号化，能帮助消费者简化他们对品牌的判断，对于企业而言是最节省沟通成本的做法。

品牌符号要解决传播的冲突，为企业节约传播成本，成为一招致命的传播符号，要做到的就是好记、好记、好记。

1948 年麦当劳开始使用金色拱门标志，3 岁的小宝宝看到这个 M，立刻也能知道这是麦当劳！

创造了葡萄酒全球销量第一记录的黄尾，瞄准的就是不懂红酒的大众消费者，因此它放弃了传统红酒包装上那些晦涩难懂的符号，用袋鼠作为品牌符号降低了消费者的选择门槛。

乔丹的品牌符号源自乔丹经典的扣篮动作，正是借力这位全民偶像，使得品牌的明星战略收益不菲。

旧

新

YouTube 的换标，用播放器的元素作为品牌符号，更明确地告知消费者，自己才是视频领域的老大。

一招致命的品牌符号，需要从"消费者注意力"出发，设计出能快速被消费者喜欢、识别、记住的品牌符号。

心理学家总结出了吸引注意的三个阶段。

触发——吸引消费者瞬间注意力，激发消费者直接和本能的反应，就好像有人喊你的名字，你会立刻做出反应。能够促使消费者产生瞬间反应的，往往是消费者熟悉的元素。

点燃——能够持续吸引消费者注意力的，则需要在熟悉的元素上，添加"意料之外"的元素，才能进一步引发他们的好奇和关注。

燃烧——吸引消费者长期注意力，激发消费者对某种观点、认知、价值观、信息等的长期兴趣。最终能持续和消费者保持沟通和互动的，则是品牌深层次的含义和精神层面的输出了。

自燃型和不燃型

就像《超市里的原始人》一书所描述的：许多产品首先是一种信号，其次才是物质。

品牌符号就是释放给消费者的一个信号，根据消费者的反应程度，可以分为两种类型。

自燃型　　　　　不燃型

● 自燃型：能够主动吸引消费者关注的、让消费者快速记住的、能解决传播冲突的品牌符号。

● 不燃型：通过大量的传播消费者才勉强记住的，甚至还是记不住，无法解决传播冲突的品牌符号。

03／自燃型的品牌符号

自燃型的品牌符号，从触发到燃烧，都是为了便于消费者记忆而创作的。

自燃的关键，在于能瞬间吸引消费者的注意力，尽量利用消费者熟悉的元素。

消费者更容易将注意力分配给那些熟悉的元素。

比如，耐克和阿迪达斯的标志。耐克的"对勾"不需要解释，消费者很容易就记住了这个符号，从小到大都非常熟悉和喜欢这个元素；而阿迪达斯的三条杠所代表的实现挑战、成就未来和不断达成目标的三个愿望，不仅需要解释，而且记忆成本较高。

和品牌名一样，自燃型品牌符号也要快速霸占那些消费者熟悉的、有认知的符号元素。

熟悉的动物园

"阿里家族"像是开了动物园,四大宠物形象也被各大品牌霸占。

CBD 家居抢占了豹子

熟悉的符号元素：比如图腾、字母、数字、植物、山水、风景、名胜等。

五角星被各大领域的品牌抢占

日本潮牌川久保玲抢占了爱心的符号元素

微信则抢占了对话框的符号元素

人头马抢占了人马座符号元素

叶茂中冲突战略当年为大红鹰抢占了代表胜利的"V"符号元素

熟悉的文化符号元素每个国家、每个民族，甚至是每个地区，都有各自的文化传统，有属于自己的独特的文化符号元素，而这些都是可以为品牌所用的资源宝库。

万宝路早期就通过西部牛仔的文化符号，来塑造自己的品牌内涵，借此来占领"男人的世界"的品牌象征。

真功夫则通过"小龙哥"的符号元素，重塑了品牌形象，站在了西式快餐的对立面。

要吸引消费者瞬间的注意力，我们不妨从这些熟悉的符号元素入手，也给诸位读者下面两个小建议。

第一，有眼睛，能沟通。眼睛是心灵的窗户，品牌符号要主动和消费者沟通，那些"有眼睛"的、有生命力的符号元素更胜于静态的符号元素。品牌符号更需要有活化和人格化的可能性，那样才能更好地和消费者"玩"在一起，主动解决传播的冲突。就像天猫的猫和京东的狗，都可以有百变造型出现在消费者的日常中。

即便是原本没有生命力的符号，我们也可以用拟人化的方式进行创作，赋予它们生命力，就像大名鼎鼎的花生先生和 MM 豆。

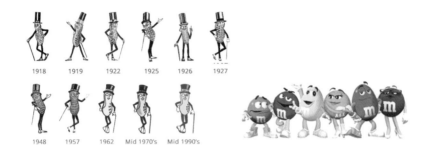

第二，有文化，能借势。品牌符号要解决传播的冲突，要善于借势，利用符号所代表的文化、含义、历史等，帮助消费者更快地了解品牌。

尊尼获加借用"行走的绅士"，传递出品牌的贵族气质。

玛莎拉蒂用希腊神话中海神的三叉戟作为符号，传递了产品的力量感和尊贵感。

我们为翡冷翠选用大卫头像，传递了意式冰激凌的艺术气质。

自燃型的品牌符号，皆是从消费者熟悉的元素触发，产生星星之火，最终形成燎原之势。

动个小手术

品牌符号要引起消费者的注意，必须要匹配品牌的核心价值，需要保持品牌一致性，要做到"知行合一"。但诸位看官，如果您面对的是一个不再新鲜的、高度饱和的竞争战场，在这个战场中，消费者大脑熟悉的、有经验值的图形，早已被品牌瓜分殆尽，那么我们就要从单纯地介绍"我是谁？"升级为"我是与众不同的谁？"只有做到不同，才能完成品牌护城河的构建，否则也只是千万种熟悉中的一抹风情，随风而逝。

因此，我们需要给品牌符号"动个小手术"，添加"独特的、新奇的或解决消费者记忆冲突的元素"，让品牌符号更具有戏剧性的冲突感，打破人们的预期，打破人们原有的认知，有时甚至要违背消费者的预期。

意料之外的效果会迫使大脑更加集中注意力。

品牌符号的戏剧化，不仅会成为消费者的关注点，也会成为消费者的记忆点，是品牌独一无二的个性所在。

哈撒韦衬衫能够一炮走红，戴眼罩的男人的品牌符号功不可没。

再比如，鲁迅的胡子。　　　王家卫的墨镜。　　　叶茂中的帽子。

这些戏剧化符号元素的设计，构建了品牌独一无二的个性，更成为消费者强烈的记忆点。

给熟悉的符号动手术，可以有下面两个方向。

第一，旧元素，新组合

法国分子生物学家 Franis Jacob 说过：创造就是重组。对原先的符号元素进行拆解、解构，添加品牌专属元素，创造出独一无二的品牌符号。

给中国龙加双筷子，就能成为舌尖的专属识别。

我们在老虎嘴里放上辣椒，就会成为英潮辣椒酱的专属老虎。

第二，把熟悉的变新鲜，把新鲜的变熟悉

俄罗斯形式主义文学批评家什克洛夫斯基（Viktor Shklovsky）曾经说过一句话———千百年来，艺术史只展现了两个法则，一个是把人们熟悉的东西变陌生，另一个反过来，把人们陌生的东西再变得熟悉。

Back to the future.

咬掉一口的苹果，让熟悉的苹果变得新鲜，富有无限的想象空间。

就像海明威说的：生活总是让我们遍体鳞伤，但到后来，那些受伤的地方一定会变成我们最强壮的地方。

给您的品牌符号"动个小手术"，那才是最能吸引消费者视线的地方，也是品牌独一无二的价值所在。

04 / 不燃型的 品牌符号

对于不燃型的品牌符号，企业只是设计了一个图腾，代表公司的"脸面"；即便花费了大量的精力去传播，消费者才勉强记住，甚至还记不住，是无法解决传播冲突的品牌符号。

　　网上曾经发起过一次"画出你心中的品牌符号"，出人意料的是，即便是那些大家熟悉的国际大牌，消费者也无法完整地画出品牌符号，这就是不燃型符号无法解决传播冲突的结果。

（爱华仕箱包旧品牌符号）

诸位看官，看到这个品牌符号，你能记住吗？

这种就属于不燃型的符号。这原本是一个箱包产品的品牌符号，给人感觉却好像是一个插座。这样的符号，就无法清晰地传递出品牌信息，更别说让消费者记住了。

（爱华仕箱包新品牌符号）

叶茂中冲突战略用大象作为箱包品牌的符号，戏剧化地让大象顶着箱包，成为爱华仕箱包专属的品牌符号。

全球著名的设计师兰德和乔布斯曾经有过一次沟通：企业需要花费大量的资金才能让消费者将品牌符号和品牌关联起来。你必须花费 10 年的时间和 1 亿美元，才能让消费者在品牌名和品牌符号之间建立联系，为了避免花去 10 年的时间和 1 亿美元，我们要尽量避免设计不燃型的品牌符号。

为了让消费者能尽快地记住品牌符号，我们需要尽量利用那些熟悉的元素。

为了让消费者能尽快产生一对一的联想，我们需要给符号动个小手术，产生独特的记忆点，让品牌符号成为自燃型的符号，才能为企业节约金钱和时间，解决传播的冲突。

05／别忘了，把你的产品 也打造成一个品牌符号

消费者对品牌的注意力不是随便得来的，是通过努力挣来的。

我们要精心设计每一个能和消费者沟通的元素。

我们需要一个一招致命的品牌符号解决传播的冲突，让消费者能快速识别并记住品牌。但打造品牌符号也是个长期系统的工作，我们需要借助外力，也需要"不积跬步，无以至千里；不积小流，无以成江海"的耐心，通过勤练内功，修炼自己，最好把产品本身打造成品牌符号。

为品牌定制一个产品色彩符号。

百事可乐的蓝色和可口可乐的红色

Christian Louboutin Pigalle

每双鞋的鞋底都是红色

为品牌定制一个产品外形符号。

绝对伏特加的瓶型

瑞士三角牌巧克力（Toblerone）

为品牌定制一个声音符号。

从英特尔的"等，等等等等"到苹果电脑的"咚"；

从"诺基亚之歌"到米高梅公司的"狮子吼"。

为品牌定制一个香味符号。

奔驰特别注意消费者打开车门，扑面而来的"新车的味道"，为此特制了汽车香水；

朗廷酒店为了让消费者有"回家的感觉"，研发了 Ginger Flower 香水。

视觉、听觉、嗅觉、味觉、触觉，人类的五感皆可以成为品牌符号的路径，我们要做个有心人，精心设计品牌符号，全方位吸引消费者的注意力。

世界是你们的，也是我们的，但归根到底是你们的；

品牌符号是企业的，也是消费者的，但归根到底是消费者的。

战略不是解决企业自己的问题，而是解决消费者的冲突；

品牌符号作为品牌的"脸面"，必须以消费者为中心思考设计，才能解决传播的冲突。

消费者喜欢什么，熟悉什么，品牌就要尽量利用这些元素来设计品牌符号，让自己的品牌符号成为自燃型的符号。

而为了让消费者能真正清晰识别自己的品牌符号，我们需要为符号动个小手术，添加个性化的元素，构建品牌符号独一无二的个性。

品牌符号是和消费者沟通、解决记忆冲突的利器，企业切不可单纯地从自我喜好和审美出发，设计一些自以为很"美"，却没有沟通力和传播力的品牌符号。

在您设计品牌符号之前，需要思考以下问题：

● 能解决传播冲突的符号元素都有哪些？

● 还有哪些优质符号元素没被对手占领？

● 如何给品牌符号做个小手术？

第十六章

解决传播冲突五：媒体策略

媒体策略好：1 个亿的广告费打出 10 个亿的效果；
媒体策略不好：10 个亿的广告费打出 1 个亿的效果。

第十六章 解决传播冲突五：媒体策略

媒体策略好：1 个亿的广告费打出 10 个亿的效果；

媒体策略不好：10 个亿的广告费打出 1 个亿的效果。

01 / 认知的 时间只有 6 秒

品牌传播四部曲：

- 提炼一个核心冲突；

- 用正确的策略和创意解决冲突；

- 一次又一次地重复；

- 在消费者心中形成一对一的品牌联想。

传播的目的，就是在有效的时间内，一次又一次地重复，强化消费者对产品和品牌的记忆和认知，甚至需要制造消费者接受信息时的冲突感，最终形成"冲突——解决冲突"一对一的对应认知，形成开关效应。在消费者需要解决对应"冲突"的时候，迅速形成反射效应，第一个想到的就是你的品牌和产品。

当下，留给品牌形成对应认知的时间已经越来越短。6 秒的广告成为"年轻一代"更倾向于接受的广告时长，作为数字媒体的原住民，年轻一代越来越难容忍超过 15 秒的广告。

2018 年，谷歌、YouTube、脸书等主流社交媒体都已经开始主推 6 秒的广告，在美式橄榄球联盟季前赛（NFL）、美国职棒大联盟（MLB）以及美国大学橄榄球赛（American College football）和美国职业足球联盟等众多黄金比赛上，6 秒的广告也越来越多。

未来，消费者留给广告的单位时间更少了，就更需要能够解决冲突，甚至制造冲突的广告创意以及媒体策略。如果你的媒体策略、媒体阵地、广告投放频次不能解决传播的冲突，就是暗地里打拳——瞎打，你的广告费铁定打水漂了。

媒体策略必须解决传播的冲突如下：

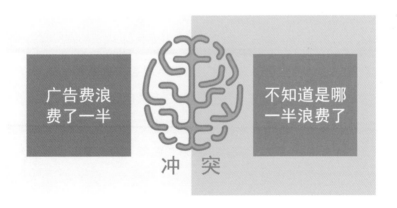

如何制定你的媒体策略，才能避免浪费广告费？

如何设计你的媒体策略，才能快速形成一对一的品牌联想？

02 / 冲突，冲突，还是冲突

媒介的碎片化和数字化制造了传播的巨大冲突——消费者的注意力被严重分流。消费者留给广告的时间、留给企业传播的有效时间被大大缩减。

消费者只关心他们的生活，不关心广告，更不会给广告留时间，所以我们的广告必须从消费者冲突出发，传播消费者"需要"的广告，而并非他们"喜爱"的广告。

所以，越是碎片化的传播环境，越需要回到传播的本质——让人们记住你是谁，让人们记住你们能解决什么冲突。

叶茂中冲突战略向来主张品牌的每一个活动、每一次传播都好像是品牌的一颗珍珠（消费者的核心冲突，自然就是最大的那颗珍珠），所有的广告和传播都是战略的表达和传递，哪怕是促销广告、打折广告，也必须有机地融入品牌战略的整体之中，必须紧紧串联在一个"冲突"上，成为一条美丽的项链，切不可为了眼前的利益，偏离主要冲突，牺牲长期的战略和品牌。

在世界杯的广告上，我们不难发现各大品牌的广告中都出现了和足球相关的元素，但叶茂中冲突战略策划的知乎和马蜂窝的广告，却坚持从品牌的核心价值思考——足球是否能解决传播的冲突？如果不能，为什么一定要加足球元素？而在大量世界杯的足球信息中，添加足球元素，无疑只会令品牌陷入传播同质化的竞争局面，人为地为传播制造了"无法清晰识别和区分"

的冲突。

所以，叶茂中这厮要提醒各位读者：

传播之前，你要解决什么冲突？

传播什么，比传播本身更重要。

冲突，才是传播的魂！也是营销的魂！

03／三个"一"工程：
一个冲突，一句话，一幅画

传播的载体可以分为线上和线下，当消费者接收到的信息沉淀下来时，其记忆点必须聚焦在：一个冲突的解决方案，一句话的核心思想，一幅画的品牌形象。

一个冲突：传播始终围绕一个核心冲突展开，表现方式可以不同，但始终会让消费者联想到品牌解决的核心冲突是什么，就好像耐克的"JUST DO IT!"

一句话：消费者会主动重复的一句话。尤其，当传播进入高频重复阶段，

一句可以让消费者自己也魔性重复的话，会让传播价值放大 10 倍。所以，要想放大传播价值，必须要有一句自带传播的话，就像雀巢咖啡的"味道好极了！"；或者在声音识别上有一个记忆点，就好像英特尔的"等，等等等等"、马蜂窝的"嗡嗡嗡"等。

一幅画：需要为品牌制造一个视觉的记忆点。

可以是一种品牌的专属色，比如蒂芙尼的蓝，爱马仕的橘。

可以是品牌 LOGO 的活化，品牌符号特写，比如路易·威登的 Monogram 花纹，香奈儿的双 C。

可以是某个形象，比如可口可乐每年都拍一部北极熊的大片。

总之要让消费者能够记住和品牌高度相关的元素。"乱花渐欲迷人眼，浅草才能没马蹄"，面对"乱花"分辨不清的冲突，必须让消费者清晰地识别出你才是那朵"带刺的玫瑰"。所以，一幅画对品牌而言是很珍贵的品牌资产，需要在传播中一次又一次地重复，形成消费者一对一的联想。

有了这"三个一"，传播就能解决线上传播和线下传播之间的互动，让传播产生叠加效应，消费者在线下看到产品广告会条件反射回忆线上广告的核心诉求；看到互联网的传播内容，也会回忆品牌解决冲突的唯一性；看到线上的电视广告，也会自动联想到线下渠道看到产品的亲切感。

坚持"三个一"，最终会让品牌成为消费者身边的一个"熟人"；

坚持"三个一"，有让传播效应放大数十倍乃至百倍的效果，让 1 个亿的投入产生 10 个亿的效果。

04 / 集中，
集中，再集中

广告如风，

微风不如大风，

大风不如台风，台风不如龙卷风。

集中在"C位"投放，广告才能有龙卷风般的效果。

制定媒体策略有两种方式：

- 一种是"撒胡椒面"的方式：平均分摊传播费用；

- 一种是"抽风式开火"的方式：集中优势兵力，打歼灭战。

第一种媒体策略，需要建立在企业有足够的广告预算的基础上，否则效果远不如抽风式开火的方式。如果你有100亿元的广告费预算，您可以略过本文。实际上，大部分企业的广告费总是捉襟见肘。

在叶茂中冲突战略看来，不管企业钱多钱少，都应该集中，集中，再集中。我们可以从两个维度集中：

- 时间的集中：集中火力一年打两个波段，如果有钱可以主攻三个波段，把广告费集中在一年之中几个波段，进行抽风式传播。

- 空间的集中：把广告费集中在某个媒体、某个广告位、某个栏目或某个局部市场，进行持续性传播。

时间的集中

空间的集中

05／时间的集中：
短，频，快

第一，如果你的广告费够"撒一年胡椒面"的，那不如集中到你的产品销售旺季或者春节之类的重大时间节点来进行传播。比如当年脑白金就采用抽风式打法：每年集中两次投放：一是春节，二是中秋。中秋密度最大的时期是倒推 10 天，春节倒推 20 天，加在一起共 30 天。这 30 天集中火力，让人想躲都躲不了。

第二，如果你的广告费够放三个月的广告，那还不如集中广告费，密集地放一个月，原本一天打 10 次的，改为一天打 30 次。

第三，"时间上的集中"才能形成传播的"拦水坝效应"：在尽可能减少传播效果流失的情况下，最大面积拦截我们的目标消费者。因此该大的时候一定要充分大，这样就能给消费者长期曝光的错觉，让他们信任品牌的实力。

要形成拦水坝效应，我们必须做到：短，频，快！

短：长时间分散打，不如短时间密集打，曝光频次越密集，消费者接触到你的广告的次数就越多，形成的曝光效应越强。

频：高频，集中，小鸡啄米式，狠狠啄出一个洞来。一个广告时段，可以一头一尾，甚至在中间时段，高频播放，制造广告量巨大的错觉。

快：快速反应。如果洞察到好的"C 位"，企业需要的是快速抢占资源的能力和高频投入的胆识，好的传播资源是不会等你的。

赶集网一炮而红

2011 年春节，喊着"赶集啦"的姚晨让千家万户记住了一只可爱的小毛驴，也让赶集网从众多竞争对手中脱颖而出。后来回顾起当年的广告传播策略，客户一致认为，除了既熟悉又新鲜的广告创意吸引了消费者的眼球，集中在春节期间进行抽风式传播，也是这支广告一炮而红的关键因素。

那一年，叶茂中冲突战略建议赶集网在春节这个"C 位"，集中进行抽风式传播。

只放七天。

短短七天的媒体集中投放，1 000多万元资金却打出了1个亿的效果，网上甚至疯传赶集网投入了2~3亿元。赶集网的注册用户量不仅在上海、北京这样的传统市场完成了爆炸式的增长，更在全国范围内有了质的飞跃，在生活信息分类网站中遥遥领先。

2011年2月25日，叶茂中这厮接到了赶集网投资方今日资本总裁徐新的报喜电话："赶集网广告投放后，效果太好了，增长太快了，我们的信心更足了，今日资本已经决定追加投资，你们的创意和媒体策略在执行后取得的效果，已经超出了当初我们的预想，太惊喜了！"

06／空间的集中：
每个局部占有绝对的优势，才能够保证战役的胜利

集中优势兵力，各个歼灭敌人，每个局部占有绝对的优势，才能够保证战役的胜利。

第一，集中在"C位"，打歼灭战——寻找消费者躲都躲不了的封闭空间。

大多数消费者都会对广告进行选择性忽略，所以，我们要尽可能寻找那些无法让消费者忽视的"空间"。比如，春节档就是电视传播的"C位"，虽然现在的年轻人都爱看手机，但春节回家全家老少团聚在一起的时候，年轻人也得陪老人嗑嗑瓜子、看看电视、聊聊天。在这个封闭的场景下，家里的电视基本是从早开到晚的，自然成为传播的"C位"。尤其是春晚，简直是超

级流量的入口。2015 年微信登陆春晚，短短两天内个人银行卡绑定就达到了 2 亿张，做到了支付宝花了 8 年才做到的事；到了 2018 年，淘宝登陆春晚，然而春晚一开播，淘宝就"崩了"！春晚当晚的实际峰值，超过了"双十一"的 15 倍。

　　另外像高铁站、飞机场、电梯里等也是让消费者躲不了的场景。消费者总会无意中看到广告，就像您此时眼睛的余光，看到叶茂中这厮一样。

　　第二，炸平你的阵地——找到"C 位"，压倒性投入，制造冲突，引发争议。

　　苹果的"1984"，选择在"超级碗"大赛上压倒性地投入，一分钟的广告时长，相比其他广告 15 秒的投入，造成了空前的轰动。虽然"1984"只在超级碗投放了一次，但因为其压倒性的集中轰炸，制造了巨大的冲突，甚至出现了上百家报纸杂志评论"1984"的现象和影响，这些都为苹果赢得了无数的免费广告和传播。

　　压倒性投入，就是不留余地。既不给对手留余地，也不给消费者的纠结留余地。中国兵法讲究的就是"一鼓作气，再而衰，三而竭"，从气势上必须压倒对手，震慑消费者。让对手感到恐惧，不敢跟进；让消费者感到信服，不再纠结。

　　在印度市场，OPPO 和 vivo 为何能让自己的市场份额快速赶上三星？其中一个重要的原因就是，他们找到了手机城等"C 位"，疯狂投入。

当我们好不容易洞察到一个消费者冲突，并用品牌和产品为其提供解决方案之后，更需要在传播上保持一定的先发优势。在"冲突"的空窗期，集中优势兵力，抽风式压倒性投入，直到消费者形成条件反射，将品牌看作冲突的唯一解决者。否则就会迎来竞争对手的压制和挑衅，导致消费者对我们的品牌信息接收不清，无法精准地形成一对一的联想。

第三，100度把水烧开——广告最忌讳的就是水烧到80度，没开，钱都浪费了。

宁愿将水烧到100度，确保水烧开。所以，如果没有足够的预算，就不要把摊子铺得太大，预算少可以先攻局部市场。

史玉柱做脑白金启动市场时，广告费只有15万元，他就先进攻了一个局部市场——江阴。江阴第一个月赚了15万元。史玉柱用这15万元加上原先的15万元预备资金，全部投入无锡市场。第二个月就赚了100多万元，跟着是南京、常州、常熟，一个个的市场都被烧到了100度。

07 / 如果你只有一颗炮弹，你就要打进敌人的弹药库，炸他个人仰马翻

2018年世界杯期间，知乎从总榜排名第119名上升到总榜第11名，在苹果应用市场社交榜冲到排名第一。

很多人都来问叶茂中这厮，知乎是不是花了几亿元的广告费？

但事实上，知乎在世界杯只投了5 000万元的广告费。知乎买的不是套播（最便宜的套播也得花1.6亿元），只在赛前、赛后各插播一次，但因为知乎的

这颗炮弹击中了弹药库，所以才成为世界杯反响最火爆的广告。

世界杯就是空间上的弹药库，球迷们在 32 天里被封闭在世界杯的空间内，一颗炮弹就足以炸翻。

既然要上电视节目，那就要挑收视率最高的投。虽然贵，但是回报率是最高的。凡是收视率好的节目都是最贵的、不肯降价的、特别难谈的，却也是最有效的；凡是肯打折还赠送许多时段的节目都是没人看的，浪费钱的。

08／重复，重复，再重复

广告是科学和艺术的结合，科学的方法能让广告成功得更快。我们当然要解决品牌知名度和美誉度之间的冲突，要平衡商业和艺术两者之间的关系。最重要的是首先要理清楚战略的需求是什么，不要人为地用艺术给自己制造枷锁。要让广告获得成功，用奥格威的话说，就是要不断地重复品牌名，以至于喊到观众都厌烦；而对于传播，我们更需要重复，哪怕是和观众发生小小的冲突。当然我们可以有技巧地重复。所以，重复其实是一个高水平的创作行为。

内容的重复：一支 15 秒的 TVC 至少要出现 3 次品牌名。马蜂窝的广告，15 秒里品牌名出现了 6 次；而知乎的 15 秒广告里，品牌名出现了 9 次。重复会放大广告的势能，让几千万元的传播看着好像有几亿元的效果。

空间的重复：一旦你找到了冲突式传播的"C 位"，就不要轻易转移你的阵地，OPPO 重复出现在湖南卫视的《快乐大本营》；加多宝重复出现在浙江卫视的《好声音》；999 感冒灵只赞助了第一季的《爸爸去哪儿》，没有坚持重复，现在提到湖南卫视的《爸爸去哪儿》，大家想到的都是伊利 QQ 星，因为它坚持重复了三年，才有了今天的叠加累计效应。

传播要坚持"重复"的方法，因为传播的本质是：

- 让人记住你是谁；
- 让人记住你是做什么的（能解决消费者什么冲突）。

让人喜欢还是让人记住？

肯定是后者更重要。

让人喜欢，只是大脑的"情绪记忆"，很快就会消失；

让人记住，一定是大脑的"事实记忆"，是消费者对你的需求点，这是不会轻易被遗忘的。

要解决消费者记忆的冲突，改变消费者善忘的本质，我们必须不停地提醒消费者，最终形成他们的记忆触点，一旦看到了我们固化的"三个一"，就能立即形成联想记忆，想到品牌和产品——这就是重复的战略目的。

抽风式传播方法，是把一整年的传播资源，集中放在几个"C 位"上进行传播。要让每一个"C 位"的传播效果都能串联起来，我们需要重复、重复、再重复。

叶茂中冲突战略倡导的重复，并非让您僵化和固执，我们需要您明确判断消费者的核心冲突是否发生了变化，如果没有变化或者升级，那我们就要坚定地"重复，重复，再重复"，不要单纯为了迎合消费者的"喜欢变"而放弃正确的战略：你一旦踏上了迎合"喜好"的道路，就很难坚守自己的初心，最终会迷失方向，更别说让消费者清晰地识别出你是谁了。尤其在这个花花世界，"变"是很容易的；"不变"才能显现出企业家的魄力和定力。

09／不要只买 2/3 的火车票

　　品牌投入要趁早，今天投广告一定是比明天投更合算的；如果你有决心建立行业的第一品牌，有决心做一家百年老店，那就从现在开始行动吧。

　　做品牌是一个长期的、系统的工程。做品牌也是一把手工程，需要创始人亲自执行才能做好。对企业来说：产品是灵魂，广告是关键。品牌做得好的企业，都是老板直接管的。乔布斯那么忙，也只抓两件事，产品和广告。每个广告创意他都亲自过问，所以苹果的每个广告都非常酷。

　　同时，传播更要坚持，千万不要只买 2/3 的火车票，钱花了不少，却到不了目的地。

> - 媒体策略好：1 个亿的广告费打出 10 个亿的效果；
> - 媒体策略不好：10 个亿的广告费打出 1 个亿的效果。

第十七章

寻找冲突的开关

"这个妹妹我以前见过。"

第十七章　寻找冲突的开关

"这个妹妹我以前见过。"

---

01 / 冲突的触点
就是冲突的开关

何谓冲突的触点：触点就如同营销的开关，预埋在消费者的左脑和右脑中，一旦开启就能引发消费者的认同感，从而促成购买。在某时某刻，有些念头会更容易从我们的脑海中蹦出来，这些是习惯性的，随时都会想到的，使用一种产品或者选择一个品牌，其实就是选择了一种强烈的触发。而触发的源头，就藏在消费者的脑海中，提醒他相关概念、想法、经验的开关。

找到冲突的触点，再和消费者沟通，就如同贾宝玉初见林妹妹时，"这个妹妹我以前见过"的感觉，瞬间就抹掉了陌生感，拉近了距离。

各位读者，当我们自己作为消费者的时候，有没有在某时某刻，有某个念头从脑海中蹦了出来，好像是习惯性地、自发性地跳了出来。这个念头，就好像本来就在脑子里，一直以来，就是等着你触动它的那一刻——这就是触点！这就是冲突的开关！

音乐研究学家亚瑞安·诺斯和大卫·哈格雷夫斯，在超市做过一个实验：他们在超市播放各国的音乐，播放法国音乐的时候，法国的红酒销量会提升；播放英国的音乐时，英国的红酒销量会提升。经过计算消费者购买不同红酒种类的数量，从而论证了音乐可以影响购买的事实，音乐让这些国家的相关概念触发了消费者的联想，从而影响了消费者的购买。

所以，触点一直都存在于我们的左脑或者右脑之中，如同我们的思想一般，是时间的累积和沉淀；但触点就如同星星之火，点燃的正是消费者的欲望之火，驱动着消费者购买的热情以及对品牌的追求。

触点，就是冲突的开关。

02 / 右脑的开关：价值观、情感和社交价值

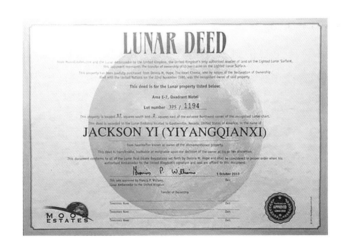

2005 年，美国人丹尼斯·霍普开始销售月球上的土地，土地价格为每英

亩 298 元，如今，霍普已经出售了数亿英亩的月球土地，拥有 230 万客户，他的客户甚至包括美国前总统吉米·卡特、罗纳德·威尔逊·里根、乔治·沃克·布什、影星汤姆·汉克斯、妮可·基德曼、汤姆·克鲁斯等，易烊千玺也收到了一块面积达 40 000 平方米的月球地皮作为 15 周岁的生日礼物。

销售月球上的土地是一个疯狂的想法，但购买月球土地的是一群更疯狂的人。他们此生可能很难踏上月球，那为什么要购买月球的土地呢？

从左脑的角度来看，消费者完全没有购买的理由，可能这一辈子都无法踏上月球；而从右脑的角度来看，月亮一直是人类的梦想之地。

那些购买月球土地的人，更在乎的是心理上的拥有，心灵上的归属。

右脑战胜了左脑，梦想就是开关。

03 / 左脑的开关：可感知的数据、熟悉的生活场景和感官体验

比普通水贵 2 元的矿泉水，哪个触点才是触动消费者购买的开关？

对于大多数消费者而言，都知道早晨起床，先喝一杯水的重要性。

"早晨"这个刚性需求的场景，就是说服消费者"喝一杯好水"的触点。

于是我们迅速为长白甘泉抢占了"早晨第一杯水！"的诉求，按下了开关。

日本的寺庙找到了什么开关

日本的寺庙面临着老化的危机，年轻人都不再走进寺庙。为了解决这个冲突，日本的寺庙利用"生死开关"，重新唤起了年轻人对宗教、对寺庙的关注。

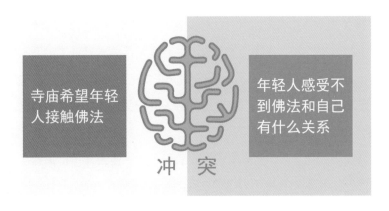

"你也会死的呀"——岐阜县郡上市愿莲寺把这句"触目惊心"的话，张贴在入口的布告栏上。

这句话，在 Twitter 上被转发超过 4 万次，"喜欢"超过 10 万，网友纷纷留言表示，"振聋发聩""直白且真实"。

为什么这句话能引起如此剧烈的反应？

愿莲寺住持石神明表示："佛教直白地教给大家人生真实的存在形式。人们往往容易认为'死'事不关己，但其实死会平等地降临到任何一个人身上。如果大家能够通过这一醒悟，重新审视生命或生活方式就好了。"

按下生死的开关，才能让年轻人的内心"犹如被雷击中般"，有足够的力量激发年轻人的思考；才有可能创造年轻人开始关心佛学教诲的契机。

佛法如此，商业世界更是如此。所以，在冲突理论的世界里，没有哪家企业强大到不能被挑战，也没有哪家企业弱小到不能去竞争，关键在于你是否能够洞悉人性和欲望的触点，按下开关。

04 / 往人性的深处，多挖三尺找到开关

要找到开关，需要我们往人性的深处，多挖三尺。

士力架的饿货传奇"当你饿的时候，你就不再是你了"，创意性地表现了饿了之后消费者的感受。

市场人员继续深挖之后，发现在"饿"的冲突中，最让人恼火的其实是人在饿的时候，容易犯错（当你饿的时候，体内血糖浓度就比平时低，人的大脑运作需要大量糖类，血糖下降会导致大脑运作不如平时，人的注意力就会下降，更容易犯错，同时控制力也会下降）。

容易犯错，这才是触点，这才是触动消费者快速储备士力架，避免在工作上、学习上犯错的开关。

"饿的时候容易出错"，这不仅按下了消费者的开关，更给了消费者在犯错时一个合理的理由——"我的确是因为饿了，才会犯错的！"士力架不愧为最懂消费者饿点的品牌。

他们在纽约寻找各种出错的小细节，然后在旁边贴上贴纸，上面写着"You make mistakes when you're hungry."（你饿的时候容易出错。）比如Williamsburg 一座大楼的入口处同时写着"此门进入"和"禁止入内"，地下通道里鱼图案的墙砖头和尾巴贴反了。为了这个活动，广告公司在过去几周里找遍了曼哈顿和布鲁克林，就为找到最荒谬搞怪的错误。

"饿了之后，你就不再是你了"，洞察的只是现象，而"饿了之后，更容易出错"才会成为必须解决"饿"的冲突的强大理由，才是开启消费者购买的开关。

挖地三尺，才能找到消费者的开关，才能让营销变得简单。

我们经常看到一些广告，广告表现得非常直白，连小朋友都看得懂。但是，其产品的销售额一直居高不下，是简单的力量帮助他们打了胜仗。但简单的背后很复杂，需要我们更深入地洞察消费者冲突，在消费者心理、营销战术和媒体投放策略上做精细周详的研究，才能对准触点，按下开关。

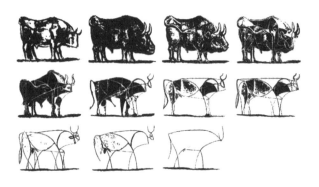

"简单是极致的复杂。"——毕加索

红星美凯龙的开关

2007 年，有一家家居连锁卖场在市场中大致状况如下：38 家终端、销售额 106 亿元。碰到的问题也很简单：一方面，由于家居连锁行业单个终端投资大的特征，仅凭自有资金的滚动积累，其持续开店的能力已经逐步降低；另一方面，竞争品牌依靠服务、诉求高档次等手段，对其部分处于正面竞争的店铺形成了很大的压力。

这家企业就是红星美凯龙。

- **价值成长思维的陷阱**

叶茂中冲突战略在前期收集资料整理分析的过程中，发现了两个很有意思的现象：

第一，能称为竞争对手的品牌都不约而同地走上了价值成长的路线：百安居的终端互动体验深受好评；吉盛伟邦的高档品牌集中度被区域消费者认同；居然之家的"服务"被有效传播，等等。

第二，中国家居卖场 2007 年的市场规模大约在 1 万亿元，红星美凯龙占比不到 1%，有影响力的家居连锁品牌合计所占份额同样非常有限。

为什么众多竞争对手和红星美凯龙都选择了价值成长？这是否意味着家居连锁类卖场更适合这种发展路径呢？

难道家居连锁类品牌和奢侈类品牌一样，只能走价值成长路线？究其本质，我们认为对于那些店面数量不多、资金实力有限的家居连锁企业，在获得资本市场的认可之前，难以拥有规模成长所需的人力和物力。不多的终端店面确保了价值成长在诸多方面能够得到快速而有效的执行，是一条由易而难的路线，这也是竞争对手不得已而选择的成长模式。

正因为如此，所以红星美凯龙彼时也在规模与价值这两个方向上摇摆不定，而这种摇摆不定最终也让企业的决策效率与执行力大打折扣，企业的营销资源变得极度分散。

● 初级市场，抢地盘还是练内功？

事实上，对红星美凯龙而言，这是一个方向抉择进而把握机会的关键时刻，中国市场渠道的不对称性给了红星美凯龙机会，这也是红星美凯龙能在价值层面劣于竞争对手的情况下依然成为行业第一的重要外因。同时观察家居市场的大环境，作为行业领头羊的红星美凯龙也只抢到了 1% 的市场份额，这正是由于这个市场的广度与深度异常庞大，长尾效应非常明显。我们更可以由此推导出一个结论，中国家居连锁卖场还处于市场竞争的初级阶段！

第一，在初级市场，就要用初级的手段去竞争，用高级手段竞争不仅是浪费，更可能会错过最有利的战略机会。

第二，在初级竞争市场，抢地盘更胜过练内功。

在盈利模式相同的状况下，规模先行者无疑将会赢得更多的优势，尤其是在获取资本市场认可的基础上，后来者拥有明显的不利因素。并且，在家居类产品所在的中国大众市场，终端的规模效应以及购买方便性才是消费者所关注的，就如同沃尔玛、大润发，甚至国美、苏宁的成功，这才是家居连锁卖场企业发展的正确路径。在家居卖场行业，一旦其规模成长取得绝对优势，势必将形成无法复制的规模优势：规模采购、规模物流、规模资金以及更加重要的由消费者认知形成的第一品牌效应。

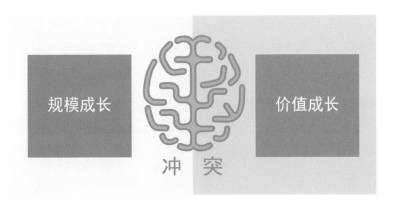

● 先规模后价值，将规模化进行到底

洞察到了家居连锁业价值成长和规模成长的冲突，叶茂中冲突战略帮助红星美凯龙制定了"先规模后价值，将规模成长进行到底"的战略。

红星要做到真正意义上的规模化，必须在规模成长的三个层面狠下苦功，且缺一不可：

第一，终端数量的规模化；

第二，品牌形象的规模化；

第三，媒介传播的规模化。

因此，叶茂中冲突战略建议红星美凯龙应该持续强化资金整合的能力，并强烈要求红星美凯龙将其 2012 年开店 60 家的计划调整为 100 家。一旦实现这个计划，红星美凯龙就可以在整个中国市场形成全面的布局，并拉开与竞争对手足够大的差距。在这个思路的指引下，红星美凯龙先后进行了两次大规模的融资。

2007 年，红星美凯龙获得美国华平投资集团 2 亿美元注资。

2010 年，红星美凯龙再次获得由中信产业基金、复星集团等联合的第二轮投资共计 26 亿元人民币。

企业在得到更充足的资金后，扩大了规模成长战略的运作空间，为红星美凯龙"燎原"的战略攻势储备了足够的"武器弹药"，让红星美凯龙的规模成长战略得到了更彻底的执行。

- 900 亿元的"全球 MALL 王"

到 2018 年，红星美凯龙在规模成长模式的战略指导下，从彼时的 38 家卖场发展到了现在的 308 家卖场，超过 900 亿元的资产，真正实现了家居卖场的品牌化和全国连锁化，也意味着在短短的 10 年时间内再造了 10 个红星美凯龙。

308 家卖场，是一个巨大的成就。因为这不仅仅是在家居连锁卖场领域的遥遥领先，更重要的是这个数据已经让红星美凯龙成为全球规模最大、数量最多的大型商业 Mall 运营商，成功晋级"全球 Mall 王"，登上世界商业舞台之巅。

- 10 年后的开关变了吗

在互联网大行其道的时代，2016 年红星美凯龙启动了电商项目。

叶茂中和车建新董事长再一次探讨了消费者在购买家居产品时核心冲突是否发生了改变。

在叶茂中这厮看来，多数消费者购买家居产品，尤其是那些价格比较昂贵的家居产品，消费者依旧需要摸一摸、看一看的体验感。

实体门店的体验感，依旧是开启消费者购买的开关。

通过亲眼看、亲手摸，消费者才会相信产品的品质，才会确信家居是否匹配家的风格和设计，才会触发消费者的购买欲望，坚定他们购买的决心。

　　所看即所得，能够触动消费者购买的开关，依旧隐藏在消费者实体的体验中。

　　互联网的便利性，会造成一部分消费者的选择发生变化；但那些对生活有要求的消费者，在购买大型家居时，还是会选择去实体店考察和体验。家居连锁卖场解决的核心冲突的触点并没有改变，红星美凯龙还是应该坚信实体门店的价值，继续坚持千店战略，将规模化进行到底。

　　到了 2017 年，红星美凯龙接受了叶茂中冲突战略的建议，重新将重心放在千店战略上，全力开展"1001 战略计划"。叶茂中冲突战略十年前为红星美凯龙规划的"将规模成长彻底化"的战略将得到更彻底的执行。

05 / 冲突的开关 在哪里

左脑的开关

可感知的数据：

OPPO 手机拍照"前后 2000 万"；

乐百氏"27 层净化"。

熟悉的生活场景和体验：

长白甘泉"早晨第一杯水"；

益达"饭后来两粒"。

五感的感官体验：

通过消费者的触觉、味觉、嗅觉、听觉、视觉等真实体验，按下消费者的开关；红星美凯龙"实体门店的体验感"，就是开启消费者的开关。

右脑的开关

价值观：1983 年，乔布斯为了让当时的百事可乐总裁约翰·斯卡利（John Sculley）加入苹果，说出了那段著名的话："你是想卖一辈子糖水，还是想跟着我们改变世界？"这名话触动了约翰·斯卡利右脑的开关。

情感：哈根达斯成为爱情的冰激凌，脑白金成为孝敬父母的礼物，好丽友成为朋友之间的分享，这些都是通过情感的开关，重新构建了产品的购买理由。

社交价值：消费者需要借助品牌来表达自我，实现理想自我。品牌和产品如果可以帮助消费者建立更自信、更完美、更个性化的社交形象，就能按下他们的购买开关。

各位读者，无论是左脑还是右脑，冲突的开关都是无处不在的，关键看您是不是一个有心人，能洞察到消费者认知的真相。要知道，有时候冲突的开关并不在您认为的事实中，而是在消费者的错觉、幻觉和心理暗示中。需要我们拨开迷雾见真章。

虽然开关无处不在，但消费者被按下开关时的反应，是大致相同的。

认同："秒懂，心里一直住着这位妹妹"。

赞赏：懂我！比我妈还知道我要什么！

意外：我怎么没想到呢？

向往：想要快速拥有。

06/按下
冲突的开关

叶茂中这厮年轻时激励自己的一段话："在人生的某一阶段，对生命负责的态度就是玩命。你对自己残酷一点，世界就会对你好一点；你对自己好一点，世界就会对你残酷一点。"

现在您读了，是否也有感触？

> - 冲突的触点就是冲突的开关。

第十八章

错觉、幻觉和心理暗示

不要企图强迫消费者接受你的"事实"。
要充分利用消费者的错觉、幻觉和心理暗示，
解决冲突。

第十八章 错觉、幻觉和心理暗示

不要企图强迫消费者接受你的"事实"。

要充分利用消费者的错觉、幻觉和心理暗示,解决冲突。

01／ "现实"有时是大脑制造的错觉、幻觉和心理暗示

各位读者,下面这张图是三根木头还是四根木头?

画面里的木头有几根,关键看你在哪个位置观察。

你站在左侧看,就会觉得有四根木头,而你站到右侧看,就会觉得有三根木头。我们对"现实"的感知是大脑接受眼睛和耳朵传递的信息后

产生的，科学家把这种现象称为"大脑自下而上的处理过程"（bottom-up processing）

科学家对此进一步研究发现，"现实"其实是大脑在以往知识、经历、体验的基础上产生的。我们所理解的"现实"，其实有一部分是大脑自行制造的产物（错觉、幻觉和心理暗示）；我们并不是被动地感知这个世界，而是主动地去创造"感觉"。我们感知到的世界其实是基于大脑期望看到的。

为此，科学家还做了一个实验：

在实验中，受试者要手持两个大小不同，但重量相同的球。

实验中，大多数受试者都认为大球比小球更重。

科学家进一步向受试者提问：1吨棉花和1吨铁哪个重？

大多数受试者会快速回答：铁更重！

科学家解释：我们的大脑感知物体的大小重量，有时会有错觉，这被称为"形重错觉"。

很多我们认为是"现实"的东西，实际上是大脑的错觉、幻觉和心理暗示。

有的时候，消费者并不关心事实的真相，他们更在乎自己认为的事实，这事实其实就是大脑认知中的错觉、幻觉和心理暗示。

可口可乐公司一直宣称零度可乐的口感无限接近原味可乐，但冠上"零度"二字，消费者就会产生：零度难喝，不如可口可乐好喝的错觉、幻觉和心理暗示。

为此，可口可乐在一个电影院内，向每个看电影的人免费赠送了一大杯可乐。就像你平时喝到的那种，有纸杯和塑料盖，还插着吸管。

等到大家喝着可乐在影厅内坐下来准备看电影时，屏幕上出现了可乐的广告，提醒大家打开杯装可乐的塑料盖。

原来，纸杯里面藏着一个零度可乐的易拉罐，吸管就插在易拉罐里。你以为自己喝的是杯装原味可乐，其实你喝的是罐装零度可乐。

这时，屏幕上的广告又说了，零度可乐的口感其实跟原味可乐没有差别（你看你们都没有喝出来）。

虽然，你告诉消费者一个事实：零度可乐和原味可乐一样好喝，但是消费者还是活在自己的认知中，就是觉得不含糖的可乐不好喝；只要名字叫了零度、无糖，那就代表了口感差。这就是消费者的错觉、幻觉和心理暗示。

2017年，可口可乐CEO向全世界宣布可口可乐旗下的零度可乐，从现在起将彻底从货架上消失（从美国本土市场开始）。

可见，消费者对于自己的错觉、幻觉和心理暗示是多么的固执。

营销时不要企图强迫消费者接受你的"事实"，反而应该更好地利用消费者的错觉、幻觉和心理暗示，就像《小王子》说的：如果你想造一艘船先不要雇人去收集木头，也不要给他们分配任何任务，而要去激发他们对海洋的渴望。

02／利用错觉、幻觉和心理暗示，解决冲突

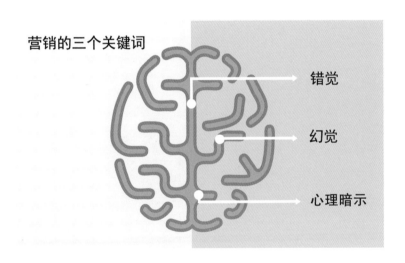

营销的三个关键词

错觉

幻觉

心理暗示

如何利用大脑的错觉、幻觉和心理暗示？

奶加水当然是假货

水加奶就是新产品

牛奶　　咖啡牛奶　　牛奶咖啡　　花色牛奶　　珍珠奶茶

你会买掺了水的牛奶给孩子喝吗？

不会。

你会买掺了牛奶的水给孩子喝吗？

会。

掺了水的牛奶和掺了牛奶的水，有什么不同吗？

两种水没有区别，区别在于你的表述方式，在于对方接受信息后，内心产生的错觉、幻觉和心理暗示。

云峰山如何利用消费者的错觉、幻觉和心理暗示

云峰山，作为腾冲排名第四位的景区，它既没有热海呼呼喷涌的温泉群，也没有和顺古镇的历史感，始终无法给外地游客一个向往的理由。这几年，来腾冲的外地游客，只有5%的人会去看云峰山。但本地人为何经常去云峰山呢？

"他们来许愿，可以说是有求必应。云峰山就是当地老百姓心目中许愿比较灵验的地方。"

"要是许愿你就去云峰山，我们是本地人，本地人考学、结婚……都要去的，你应该去看看，很灵的。"

"这不是我们想象出来的，真的是380年来一直灵验。它是大自然神奇的力量。"

本地人之所以成为云峰山的常客，正是因为云峰山是本地人心目中许愿比较灵验的地方，当地人认为：在云峰山许下的愿望，都可以应验。

同时，如果我们把目光投向全国的许愿胜地，比如普陀山、灵隐寺、雍和宫等，哪一个都香火兴旺，外来游客数不胜数。

叶茂中冲突战略在策划时认为：云峰山和当地其他景点拼不了硬件，只有拼软件，把云峰山改名为云峰灵验山！

广告语为——"腾冲人的许愿之地，灵验了 380 年，心诚则来！"

我们利用了中国游客的错觉、幻觉和心理暗示：对许愿灵验的向往。今天，如果你去腾冲，一定会有人推荐你去云峰灵验山，理由就是在那里许愿很灵。

03 / 找到"错觉、幻觉和心理暗示"的入口

在马斯洛的需求层次理论"金字塔"中，精神属性凌驾于物质属性之上。企业对消费者的争夺，总有一天会进入到"错觉、幻觉和心理暗示"的层面，也就是说所有的竞争最后都是对人类意志和向往的掠夺，在物质越是发达的未来，人类越是愿意为无价的精神买单，越是愿意为了无价的认同感（错觉、幻觉和心理暗示）和社会价值买单。

我们不妨从上帝赋予人类与生俱来的"七宗罪":暴食、色欲、贪婪、嫉妒、暴怒、懒惰及傲慢中找到"错觉、幻觉和心理暗示"的入口,更快速找到解决消费者冲突的方法。

- 因为暴食,消费者需要"美味"的错觉、幻觉和心理暗示,对今天的年轻人而言,"看着好吃、用手机拍出美味的感觉,和实际好吃一样重要"。

- 因为色欲,消费者需要"永远年轻美丽"的错觉、幻觉和心理暗示,哪怕是用美颜相机拍出来的年轻和美丽。

- 因为贪婪,消费者需要"价值"的错觉、幻觉和心理暗示,要能激发消费者想象拥有之后的满足感的心理。

- 因为嫉妒,消费者需要"自我感觉良好"的错觉、幻觉和心理暗示,谁能激发消费者的归属感,谁就能成为消费者的挚友。

- 因为暴怒,消费者需要"快乐"的错觉、幻觉和心理暗示,哪怕有一时半刻让消费者远离怒火,寻得一时开心,也能让消费者心生欢喜。

- 因为懒惰,消费者需要"便利"的错觉、幻觉和心理暗示,让消费者活得更轻松、更便捷，永远都是正确的。

● 因为傲慢，消费者需要"成功"的错觉、幻觉和心理暗示，让消费者自我感觉良好，他们才会更加需要品牌的加持。

我们都是肉胎凡身，无论是 60 后还是 90 后的，我们都脱离不了"人"的错觉、幻觉和心理暗示，只是表达方式不同而已。

你永远不晓得自己有多喜欢一个人，除非你看见他（她）和别人在一起。

新的营销和传播技术，辗转在左脑和右脑之间，左冲右突，寻找新的出路；原本简单的变得复杂，原本复杂的却变得简单。技术让左脑变得越来越像右脑，技术更让右脑变得越来越不知其理、不明其状。冲突不断地迭代升级，让营销陷入迷局，但"知识使我们玩世不恭，智慧使我们冷酷无情；我们思考得太多，感知得太少；除了机器，我们更需要人性；除了智慧，我们更需要仁慈和善良。"——卓别林。

人性、智慧、仁慈和善良，其实都是对消费者错觉、幻觉和心理暗示的尊重，不要企图改变消费者，而是要利用他们大脑中已经存在的感觉。

左脑和右脑的冲突永远不会停止，并且还会不停地升级。解决冲突的手段也需要不停地升级，我们不妨回到消费者的错觉、幻觉和心理暗示中，寻找解决冲突的方案，这样也才能更符合人性人心的需求。

Shake Shack 如何利用"错觉、幻觉和心理暗示"解决冲突

真功夫是用"营养还是蒸的好"的中式快餐理念解决了西式快餐不够健康的冲突,那么纯西式快餐又有什么好创意来解决这个冲突呢?

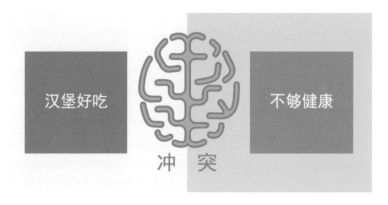

汉堡和健康,似乎天生就有着冲突的基因:快餐是快速,标准地提供给消费者便捷的用餐体验,但标准化,工业化生产追求的是效率,牺牲的则可能是"风味和健康",尤其在"福喜"事件之后,快餐和健康发生了巨大的冲突。

和其他快餐相比,Shake Shack 健康吗?并不是。2013 年,前总统夫人米歇尔·拉沃恩·奥巴马(Michelle LaVaughn Obama)被拍到在路边吃 Shake Shack 的双层芝士汉堡,被营养学家指出卡路里超标不健康。米歇尔则回应这只是"一次放纵"。

Shake Shack 如何解决健康和汉堡之间天然的冲突?

Shake Shack 利用消费者的错觉、幻觉和心理暗示,让汉堡店"看起来更健康",从而解决了这个冲突。

为了从视觉上改变消费者对快餐店不健康的认知,Shake Shack 请来全球顶尖的设计师 Paula Sche,为餐厅营造出高级正餐厅的感觉,使其脱离了快餐的常规装修。

Shake Shack 宣称采用 100% 未用抗生素的安格斯牛肉,再配上独门调味酱,做了最大限度的配方优化。并且推出了素食汉堡,主材料不是常见的豆蛋白而是蘑菇。一切都是为了"看起来更健康！"

故意延长排队时间，不像普通快餐店的"立等可取"，使消费者产生了"正餐厅"的错觉。

Shake Shack 从最初麦迪逊公园的一家"不健康"的热狗摊，到成为前总统夫人都无法抗拒的快餐店，成功的关键在于：老板用"看起来更健康"的错觉、幻觉和心理暗示，解决了消费者"快餐和健康"之间的冲突。

所以当平时很注重饮食健康和锻炼的米歇尔也无法抵御 Shake Shack 的诱惑时，Shake Shack 快速在社交媒体推出了"注重健康的第一夫人也吃的汉堡"口号，进一步解决了汉堡和健康之间的冲突。

04/ 制造错觉、幻觉和心理暗示

我们不仅要利用消费者的错觉、幻觉和心理暗示，有的时候，我们甚至需要主动制造错觉、幻觉和心理暗示，这不仅能更好地解决消费者冲突，更有机会让你的对手闻风丧胆。

《孙子兵法》有云：“是故百战百胜，非善之善者也，不战而屈人之兵，善之善也。”

在孙子看来，常胜将军也不是最厉害的高手，能够不动一兵一卒，就让敌人屈服，才是最厉害的谋略。

诸葛亮大摆空城计，制造了城里埋伏了数万士兵的错觉、幻觉和心理暗示，吓退了司马懿 15 万大军；

比尔·盖茨（Bill Gates）也深受《孙子兵法》的启发，在微软的全盛时期，他利用微软的市场势力，在产品发布前很久就预先宣布新的产品或者升级，在行业内散布恐惧、不确定性和怀疑，让消费者期待市场领袖即将推出的产品，为消费者制造了错觉、幻觉和心理暗示，从而阻止了他们购买竞争产品，先一步冻结了市场，让竞争对手闻风丧胆，这种做法被称为“雾件”。

总而言之，兵不厌诈（因为营销就是战争）。

三一重机制造了什么错觉、幻觉和心理暗示

根据中国工程机械工业协会挖掘机械分会行业统计数据，2018 年 1~12 月纳入统计的 25 家主机制造企业，共计销售各类挖掘机械产品 20.4 万台。其中三一重机销售近 4.7 万台，刷新单年度挖掘机销量纪录，市场占有率提升至 23.1%，超市场二、三名之和，销量连续第八年稳坐行业“头把交椅”。

而在 2010 年年初，挖掘机的市场格局则和现在大相径庭：以小松为代表的日系品牌占据市场主导地位，占有率超过 1/3，欧美品牌市场占有率基本稳定，而国产品牌在市场中只分到了一小块蛋糕。即使当时三一已经进入了国产品牌的第一梯队，其年销量也仅为全国第六。

三一重机的主要目标人群是 25~35 岁的农民，他们的信息窗口相对比较狭窄，能接受到的品牌信息相对少，在他们的认知中，日本小松这些进口品牌

相对而言质量会更好一些，所以大多数人都选择了进口品牌。

如何帮助三一重机迅速从日系等进口品牌中突围呢？

消费者只会相信他们认为的事实，消费者认为进口品牌更好，你再怎么摆事实、讲道理，也无法快速改变他们的认知。与其对消费者就具体功能和技术指标进行理性说教，不如制造错觉、幻觉和心理暗示，激发他们的"从众效应"。

如何让消费者感觉你的产品比进口产品更好？

简单、直接、一招致命——叶茂中冲突战略在策划时，制定了"三一挖掘机第一"的战略方向，通过"销量增速第一，服务品牌第一，产品系列第一，产能全球第一，创新能力第一"等多个第一的诉求，为消费者制造了错觉、幻觉和心理暗示。给他们以强大的"三一是第一"的心理暗示，驱动他们内心的"从众效应"，改变目标人群对品牌的接受度。

事实证明，三一重机的"第一战略"，快速解决了消费者认知和事实之间的冲突，在短时间内引爆了市场，使得三一重机的销量，当年迅速从第六变成事实上的第一。

2010 年年底，三一挖掘机全年销量达到 20 614 台，市场占有率为12.3%，高出小松 0.3 个百分点，成为真正的行业第一。

2014 年，三一重机市场占有率达到 15.1%。

2015 年，三一重机市场占有率达到 17.7%。

2016 年，三一重机市场占有率达到 20%。

2017 年，三一重机市场占有率达到 22%。

2018 年，三一重机市场占有率达到 23.1%。

05／强大的品牌
会改变消费者对于产品的认知

可口可乐初进中国市场的时候，大多数人并没有觉得可乐很好喝，但可口可乐怎么改变了中国人的舌头？让原本不怎么爱喝可乐的中国人，都爱上了它？

要知道在 1986 年，普通职工一个月的工资才几十元，而买一瓶可乐要花四角多，但可口可乐还是受到了当时年轻人的追捧，是什么原因呢？

可口可乐强大的品牌，制造了错觉、幻觉和心理暗示，让消费者感觉自己喝了可乐，就拥有了"国际口感"，更能体验到电影电视里那些明星的生活。

强大的品牌力甚至改变了当时消费者的味觉喜好，让人们沉溺在品牌制造出的错觉、幻觉和心理暗示的大泡泡中，甚至不再关注它究竟好不好喝、健不健康。

而这也是企业愿意花费巨资，邀请明星、球星等名人代言的原因，这些意见领袖的光环会为品牌和产品制造错觉、幻觉和心理暗示，让消费者产生向往，甚至忘记产品本身。

强大的品牌能改变消费者对产品的认知，关键是要利用或者制造消费者的错觉、幻觉和心理暗示，解决现实自我和理想自我之间的冲突。

未来的竞争，产品当然很重要，但它很可能只能成为竞争的起点，而不是决定胜负的关键。消费者追求产品真相的同时，更渴望找到一个懂他们、了解他们、能帮助他们建设更美好生活和自我的品牌，尤其是那些满足了他们的错觉、幻觉和心理暗示的品牌。

各位读者切记：

- 不要企图强迫消费者接受你的"事实"；
- 要充分利用消费者的错觉、幻觉和心理暗示，解决冲突。

赞

您终于把这本书读完了。

现在，试着把您发现或者制造的冲突填进去：

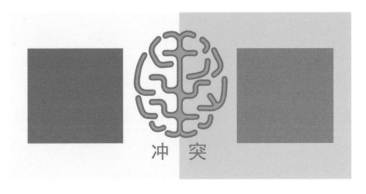

如果填不进去，请将此书再读一遍。